KIRSCHNER

Väter haben keine Ahnung

Josef & Harald

KIRSCHNER

Väter haben keine Ahnung

Aggressionen, die Söhne nie vermeiden sollten

Orac

ISBN: 3-7015-0078-9

Lektorat: Leo Mazakarini
Schutzumschlag: Bronislaw Zelek
Satz: Bernhard Computertext KG, Wien
Druck und Bindearbeiten: Wiener Verlag, Himberg bei Wien

Inhaltsverzeichnis

„Ich kann Dir nicht mehr weitergeben als das bißchen Weisheit, das mein Alter mit sich bringt."
– *Dein Vater.*

Warum diese Briefe geschrieben wurden

Josef Kirschner war 52 Jahre alt, als er mit seinem Sohn Harald Briefe zu wechseln begann. Der Zwanzigjährige war von zu Hause ausgezogen, um an der Universität Psychologie und Sportwissenschaften zu studieren.
Dem Vater war es so ergangen wie unendlich vielen Vätern auch. Er hatte Zweifel, ob er seinem Kind wirklich alles für das Leben „draußen in der brutalen Welt" mitgegeben hatte, was wichtig war. Im ersten Jahr der Trennung wurde die Post fast fünfzigmal bemüht. Neunundzwanzig der Fragen, Belehrungen, Kritiken und Geständnisse werden hier veröffentlicht. Faszinierende ehrliche und nicht selten provokante Äußerungen zweier Männer, deren Altersunterschied 32 Jahre beträgt.
Einmal gestand der Vater dem Sohn: „Ich kann Dir nicht mehr weitergeben als das bißchen Weisheit, das mein Alter mit sich bringt." Der Sohn reagierte auf dieses bißchen Weisheit, wie es viele Söhne tun würden: Manchmal dankbar, manchmal voll der Arroganz, hinter der die Jugend ihre Schwäche verbergen möchte.
Als der Briefverkehr seinen Anfang nahm, war Josef Kirschner einer der bekanntesten Moderatoren im österreichischen Fernsehen und hatte fünf aufsehenerregende Bücher verfaßt, deren erfolgreichstes den Titel „Die Kunst, ein Egoist zu sein" trägt.
Er war in seinem Leben schon vieles gewesen: ein außergewöhnlich schlechter Schüler, Ölbohrer in Schottland, Lagerhausarbeiter, Zeitungsreporter, Werbeberater, Lehrbeauftragter an der Universität Wien und Gast Professor Henry Kissingers an der amerikanischen Harvard University.
Als sein Sohn vierzehn Jahre alt war, meinte dieser

einmal: „Ich kann es nicht mehr ertragen, daß es mir so gut geht. Ich möchte einmal etwas richtig Brutales erleben.“ Also kaufte der Vater Schlafsäcke und Ausrüstung und marschierte mit Harald 48 Stunden lang im Regen durch die Berge.

Einige Jahre später ließen sich die beiden auf einer unbewohnten griechischen Insel aussetzen, um gemeinsam festzustellen, mit wie wenig Errungenschaften der Wohlstandsgesellschaft sie überleben könnten.

Wenn man die Briefe liest, die Kirschner an seinen Sohn schrieb, wird erkennbar, wie kompromißlos er darin ist, ihn zur Findung seiner eigenen Persönlichkeit herauszufordern. Damit erklärt sich auch die Reihenfolge der Veröffentlichung. Kaum jemals beantwortet der Vater die Fragen des Sohnes. Er wirft vielmehr neue Fragen auf, bringt neue Überlegungen und Erfahrungen vor.

Überall ist die Absicht zu spüren, dem Sohn die Lösung von Problemen nicht zu erleichtern oder vorwegzunehmen. Weil er überzeugt ist, daß nichts mehr und besser Wissen vermittelt als Fehler und Erfolge, die man selbst macht.

Väter, die diese Briefe lesen, werden vielleicht angeregt, ihre Söhne besser zu verstehen. Und Söhne ihre Väter.

Kirschner meint: „Bei aller Auflehnung, bei allen Mißverständnissen, die in vielen Familien unserer Zeit herrschen, ist doch das, was ein Vater seinem Sohn mitgibt und dieser seinem Sohn und seinen Enkelkindern, doch nichts anderes als der ewige Lauf der Dinge, den nichts unterbrechen kann. Es ist unsere Kultur. Also sollten wir uns in die Verpflichtung fügen, die wir denen gegenüber haben, die nach uns kommen.“

1. *„Lieber Sohn,* in der Konfrontation zwischen uns beiden spielt es nur eine untergeordnete Rolle, wer gewinnt."

Lieber Sohn,
Du schreibst, Dein Studium ginge gut voran, ich solle Dich nur machen lassen.
Das klingt arrogant.
Denn im Leben läßt uns niemand „machen". Was immer wir auch tun, irgend jemand steht hinter uns. Ein Chef, ein Partner, jemand, der sich etwas von uns erwartet. Nicht selten sind es gerade jene Leute, die uns nahestehen.
Du erwartest Dir von mir, daß ich Dein Studium finanziere und daß unsere Familie weiter ein Platz ist, an dem Du untertauchen kannst, wenn Du Geborgenheit suchst.
Das erwartest Du mit Recht. Aber selbstverständlich ist diese Erwartung für mich eine Belastung.
Manche Eltern sagen, sie seien stolz darauf, für ihre Kinder dazusein.
Mag schon sein. Das sagt man so, weil es so klingt, wie es klingen soll.
Ich möchte Dir aber versichern: Ehe, Familie und Kinder sind eine Belastung. Ich muß mich verdammt anstrengen, damit sich diese Belastung für mich rentiert. Und da erwarte ich von Dir, daß Du dazu beiträgst, daß es sich für mich rentiert.
Ich gehe davon aus, daß alles im Leben seinen Preis hat. Diesen Preis müssen wir selbst erkennen und

bezahlen. Wir sollten uns nicht von der Realität des Lebens durch Illusionen ablenken lassen. Illusionen wie: *Liebe.* – Diese angeblich wunderbarste Sache der Welt, die alle Probleme löst. Löst? Glaube mir, sie schafft Probleme.
Freundschaft. – Das angebliche Geben, ohne danach zu fragen, was man dafür zurückbekommt. Stimmt ja nicht. Freundschaft bringt Nutzen. Aber man muß freiwillig investieren. Einseitige Freundschaften zerbrechen bald oder vegetieren, zu Tode geheuchelt, dahin.
Das Märchen von den geliebten Kindern, für die man sein eigenes Glück opfert, ist nichts weiter als das Bekenntnis der Eltern zur Unfähigkeit, den Kindern die Freude am kämpferischen Spiel des Lebens zu vermitteln.
Einander-Mögen heißt: Spannung erhalten.
Nur in der Spannung entsteht Herausforderung. Liebe und Freundschaft funktionieren nur auf diesem Nährboden.
Wenn ich also Rechenschaft für das will, was Du für das Geld tust, das wir Dir bezahlen, dann verstehe ich sehr gut, daß es Dich aus der Bequemlichkeit aufschreckt, Dir auf unsere Kosten ein schönes Leben zu bereiten.
Eine durchaus berechtigte Absicht. Aber ein schönes Leben kannst Du Dir auf Deine eigenen Kosten machen. Ich möchte Dir immer wieder in Erinnerung rufen, daß die Kontrolle Deiner Leistung für mich notwendig ist, um zu erkennen, ob der Preis stimmt, mit dem Du den Nutzen bezahlst, den Du durch mich hast.
Natürlich werde ich mich freuen, wenn ich feststelle, daß Deine eigene Selbstkontrolle strenger ist als die Kontrolle, die ich ausübe. Ist das der Fall, wird meine Kontrolle überflüssig, weil Deine eigene als

Motor wesentlich wirkungsvoller geworden ist.
Wenn Erziehung überhaupt sinnvoll ist, dann meiner Überzeugung nach nur auf jene Weise, daß sie zwischen Vater und Sohn als permanente Herausforderung in der Bewältigung der Lebensprobleme gehandhabt wird.
Ich jedenfalls habe Spaß daran, von Dir herausgefordert zu werden. Wenn ich diesen Impuls einmal nicht mehr annehme, dann weißt Du: Dein Alter ist jetzt wirklich alt geworden.
Wenn dieser Zeitpunkt für Dich sichtbar wird, erwarte ich von Dir, daß Du mir keine Ruhe läßt. Dann mußt Du das tun, was ich jetzt mit Dir mache: Du mußt mich fordern.
In der Konfrontation zwischen Vater und Sohn spielt es nur eine untergeordnete Rolle, wer gerade gewinnt. Wichtig ist, daß dieses Spiel im Gange bleibt, daß es Spannung und manchmal sogar Dramatik erzeugt und auf den permanenten Spaß am Leben befruchtend wirkt.
Ich erwarte also von Dir am Beginn jedes Semesters an der Universität:
1. Eine Vorschau, welche Prüfungen und Arbeiten Du zu machen gedenkst.
2. Eine Bestätigung der im abgelaufenen Semester gemachten Arbeiten und deren Beurteilung.
3. Eine Begründung für die Diskrepanz zwischen Plan und Ergebnis.
Ansonsten wünsche ich Dir, wie immer, Spaß am Studieren, den Du Dir durch gelegentliche Unbequemlichkeiten, die ich Dir bereite, keinesfalls verderben lassen solltest.
Dein Vater

2. *„Lieber Vater,* die Suche nach mir selbst wird mir durch Dich nicht leicht gemacht."

Lieber Vater,
Du meintest kürzlich, Du hättest immer ein wenig Angst um mich wegen meines Fallschirmspringens. Vielleicht hegst Du sogar den Verdacht, daß es mir Spaß macht, Dir Angst um mich zu machen. Mir ist es bisher noch nie richtig bewußt geworden, aber es kann sein, daß ich Dir Angst um mich einjagen will. Es könnte ein Teil meines Bemühens sein, mich von Dir abzunabeln und nicht mehr in Deinem Schatten zu stehen.

Verstehe mich recht: Ich kann unendlich viel von Dir lernen, ich anerkenne Deine Autorität, ich respektiere Deine Schwächen, die Du vor uns Kindern nicht verbirgst. Aber das alles hat wenig damit zu tun, daß ich mich selbst suchen und finden will. Und diese Suche wird mir durch Dich nicht leicht gemacht.

Denn letzten Endes messe ich mich heute noch in vielen Dingen – nicht mehr in allen – doch an Dir. Ich will *ich* sein.

Du hast ein Buch über die Angst geschrieben, aber Du hast nie die Angst des Fallschirmspringers vor dem Sprung erlebt. Das habe ich Dir voraus, und das gibt mir Selbstvertrauen und macht mich wieder ein Stück unabhängiger von Dir.

Es freut mich, daß ich Dir alles das so offen und ohne jedes Zögern schreiben kann, weil ich weiß, daß Du es verstehst. Du selbst bist es ja, der uns immer daran erinnert, unsere eigene Persönlichkeit zu finden.

Ich habe erst durch meine Erfahrung beim Fallschirmspringen aus der Praxis erfahren, was Du in Deinem Buch über die Angst mehr oder weniger theoretisch meinst. Etwa die Erfordernis des Konkretisierens einer Angst als Voraussetzung zu ihrer Bewältigung.

Du sitzt da oben in der kleinen Maschine und denkst nur an eines: Öffnet sich der Fallschirm? Der Magen krampft sich zusammen, der Atem wird flach, irgendwie gerät der Körper aus der Kontrolle, und Du mußt Dich darauf konzentrieren, nicht in die Hose zu pinkeln.

Dann steigst Du hinaus auf die kleine Stufe am Flugzeug und läßt los. Du fällst, der Körper ist jetzt völlig außer Kontrolle. Du kannst kaum noch atmen, obwohl rundherum mehr Luft ist als irgendwo anders. Fünf Sekunden zwischen Absprung und dem Öffnen des Schirms im Niemandsland der Ungewißheit.

Im Niemandsland der Ungewißheit, vor dem wir uns so fürchten. Wir wollen alles im Leben unter der Kontrolle unserer Intelligenz halten. Nichts darf außer Kontrolle geraten. Immer den Überblick bewahren, sich nie gehenlassen. Sich nie fürchten.

Da aber stürze ich mich freiwillig in eine nicht kontrollierbare Gefahrensituation. Ich fordere die Angst heraus.

Die Angst. Was ist denn das überhaupt?

Erinnerst Du Dich noch, als wir uns auf der griechischen Insel aussetzen ließen, um auszuprobieren, mit wie wenig Dingen aus dem gewohnten

Wohlstandsleben man durchaus noch überleben kann?
Als uns nachts in unseren Schlafsäcken in der Felsnische die Rattenschwärme überfielen, konntest Du vor Angst kein Auge zumachen. Ich, damals mit meinen unbekümmerten sechzehn Jahren, schlief tief und fest.
Deine Gedanken haben Dir Angst gemacht. Deine Vorstellung, diese Ratten seien bösartig, hat Dich nicht schlafen lassen. Deine Angst war nichts anderes als Deine Phantasie. Das Schreckensbild, daß die Ratte, die Dir da in 30 Zentimeter Entfernung nachts lauernd gegenübersaß und ins Auge schaute, daß Dir dieses Vieh ein Stück Wange oder ein Auge herausreiße, wenn Du einnickst.
Deine Phantasie war die Angst.
Die Realität ist die Realität. Eine Ratte ist eine Ratte, eine Eidechse ist eine Eidechse. Aber in Deiner Vorstellung ist die Ratte gefährlich und die Eidechse harmlos. Als Du dann die erste Ratte mit der Steinschleuder erlegt hattest, weigerten wir uns, ihr das Fell abzuziehen und das Tier zu braten. Wenn wir hungrig genug gewesen wären, hätten wir auch das getan.
Das heißt: Solange die Phantasie, also unsere Voreingenommenheit, unser eingelerntes Vorstellungsbild von der bösen häßlichen Ratte stärker ist als der Hunger, verzichten wir auf Rattenfleisch.
Die Überwindung der Angst und der Vorgang dieses Überwindens kann uns sehr viel über Vorurteile bei der Beurteilung von Menschen, von Dingen und von uns selbst lehren. Denn Angst ist für uns vorwiegend das, von dem man uns gesagt hat, daß man davor Angst haben muß.
Judgement. Erinnerst Du Dich? Judgement, also Bewertung, Vorurteil, Beurteilung nach vorgegebe-

nen Maßstäben, hindert uns daran, das Leben so zu sehen, wie es ist.
Reduziert auf das, was es ist.
Wenn ein Flugzeug über Dich wegfliegt, und Du liegst auf einer Wiese und schaust ihm zu, kannst Du es als Inbegriff der Freiheit sehen oder als lärmenden Luftverschmutzer. Was ist es wirklich?
Es ist das, was Du in Deinem Denken daraus machst.
Wenn ich mich beim Fallschirmspringen vom Flugzeug abstoße und fünf Sekunden lang frei falle, ohne sicher zu wissen, ob sich der Fallschirm öffnen wird oder nicht, dann kann mich entweder die eingelernte Angst beherrschen oder das höchste Lustgefühl.
Ich kann mir denken, wie schrecklich es ist, fünf Sekunden lang keine Kontrolle über das Geschehen zu haben. Oder ich kann mir denken: „Wunderbar. Wenn das die letzten Sekunden meines Lebens vor dem Tod sind, dann ist es ein wunderbares Ende."
So ist für mich die Bewältigung der Angst viel mehr als die Freude am Fallschirmspringen oder die masochistische Freude an der Konfrontation mit der Lebensgefahr. Es ist ein Prozeß des Verstehens des Lebens überhaupt. Ich glaube, wer lernt, mit der Angst umzugehen, versteht sich und sein Leben einfach besser.
Es ist schön, zu wissen, daß Du Angst um mich hast, wenn ich zum Fallschirmspringen fahre. Dann gibt es mir das Gefühl, daß Du nicht nur der große, weise Vater bist, der alles weiß, sondern auch ein Mensch, der Gefühle hat wie ich.
Vater und Sohn werden einander vermutlich immer erst dann richtig verstehen, wenn sie sich auf der gleichen Ebene des Menschseins gegenüberste-

hen können. Ohne Lorbeerkranz und Patriarchenpodest.
Bleib, wie Du bist. Wünscht sich
Dein Sohn

3. „Lieber Sohn, ist es nicht besser, Du nützt Dir selbst und gibst den anderen keine Chance, aus Deiner Ehrlichkeit für sich einseitigen Nutzen zu ziehen?“

Lieber Sohn,
vielen Dank für Deinen Brief, in dem Du über Deine Vorstellungen von *Freiheit* schreibst.
Vor vielen Jahren dachte ich auch so. Aber ich habe ein halbes Leben lang dazugelernt.
Freiheit der Meinungsäußerung, Freiheit der Berufswahl, und alles das ist nichts anderes als Heuchelei. Diese Freiheiten gibt es nicht.
Es gibt nur die Freiheit in Dir.
Die Freiheit in Dir ist eine ungeheuer realistische Sache.
Weißt Du, was ich als die drei Säulen meiner persönlichen Freiheit erkannt habe?
1. Die Stärke meiner Persönlichkeit. Zu wissen, was ich will, weil es für mich richtig, nützlich und gut ist.
2. Die Kraft, auf alles verzichten zu können, wenn es erforderlich ist.
3. Die Strategie, für alles, was in meinem Leben wichtig ist, Alternativen zu haben.
Schon Charakter zu haben ist Unfreiheit.
Charakter haben heißt, morgen noch zu dem zu stehen, was wir heute versprechen oder behaupten oder für richtig finden. Also stehen wir oft ehrenhaft verblödet morgen noch zu dem, was heute richtig war, aber morgen schon falsch ist, weil es

sich ganz einfach überholt hat. Weil das Leben morgen schon ganz andere Voraussetzungen geschaffen hat als heute.
Ich bin fest davon überzeugt, daß sich unser Leben in Augenblicken vollzieht, und daß wir nie aufhören sollten, es so zu leben, daß es den Erfordernissen des Augenblicks gerecht wird.
Das erfordert Risiko, Offenheit für das Leben, wie es sich uns bietet. Spielerische Leichtigkeit im Reagieren auf die Erfordernisse.
Alles Dinge, gegen die wir uns zur Wehr setzen, weil sie uns von Kindheit an anerzogen wurden. Wir werden zur scheinbaren Sicherheit erzogen. Zu *scheinbaren* Sicherheiten.
Denn ist es etwas anderes, wenn uns die Kirche verspricht: „Im Glauben findest Du Sicherheit", Du aber bist Dein Leben lang niemals imstande, wirklich im vollkommenen Glauben zu leben?
Was ist das für eine Art von Sicherheit, wenn man Dir in Deinem Job verspricht, daß Du Karriere machen wirst, wenn Du gehorsam nur das tust, was man Dir sagt?
Die Politiker versprechen Dir vor jeder Wahl, daß sie das Beste für Dich wollen, Du solltest Dich nur auf sie verlassen und sie wählen.
Wenn Du sie gewählt hast, geben sie Dir keine Chance mehr, Rechenschaft zu fordern für das, was sie Dir versprochen haben. Als einzelner bist Du für sie uninteressant geworden. Sie sind an Massen und Mehrheiten interessiert.
In der großen Masse konform zu leben ist nicht Freiheit. Es ist völlige Unfreiheit. Wenn Du unter Freiheit verstehst, daß Du Dein Leben in einem Dir größtmöglichen Maße nach Deinen Vorstellungen und individuellen Möglichkeiten lebst.
Freiheit wird also von den Manipulanten um Dich

herum als eines der vielfältigsten Instrumente der Manipulation herangezogen.
Das funktioniert auf einfache Weise:
– Dir wird etwas versprochen. Immer wieder, immer eindringlicher, sehr ernsthaft und glaubwürdig und mit dem Hinweis: „Alle glauben uns, also kannst Du uns auch glauben."
– Wenn Du es dann glaubst, wird Dir ein Bekenntnis abverlangt. Du mußt etwas tun. Sie sagen: „Für Deine Freiheit mußt Du ein Opfer bringen."
– Wenn Du Dich dazu überreden läßt, investierst Du also etwas Geld, Abhängigkeit, einen Vertrag, eine Verpflichtung.
– Wenn Du erst einmal Deine Verpflichtung abgegeben hast, wenn Du den Vertrag unterschrieben hast, in dem Du Dich zu einer konkreten Leistung verpflichtest, dann haben sie Dich. Dann beginnt die Abhängigkeit.
Dieser Form der Manipulation über die abstrakten Begriffe Ehre, Treue, Redlichkeit, Wahrhaftigkeit oder Ehrlichkeit begegnest Du an jedem Tag in vielschichtiger Weise.
Beispiel: Das Mädchen, das sich vom verheirateten Mann in guter finanzieller Position schwängern läßt, das Kind nicht abtreibt und so von ihm Millionen erpreßt, weil er sich einen Skandal nicht leisten kann.
Du meinst, das sei erfunden? Es ist geschehen. Kürzlich. Vor Deiner und meiner Nase.
Wie hat diese sehr realistische Sache begonnen?
Ganz einfach: Er wollte mit der jungen frischen Dame schlafen und hat ihr die große Liebe vorgespielt. Sie hat ihm gesagt, sie könne nicht mit ihm ins Bett, weil er ja verheiratet sei. Er wurde noch wilder darauf, hat noch mehr Schwüre geleistet und so weiter und so weiter.

Vielleicht war ihm das alles, ein bißchen Sex, ein bißchen freie Liebe, viel wert. Aber für die Millionen, die er dafür bezahlte – von seinen schlaflosen Nächten des Grübelns einmal abgesehen –, hätte er sich einmal im Monat die wildeste Hure aus Paris einfliegen lassen können. Wahrscheinlich hätte ihm das auch viel mehr Spaß gemacht.
Liebe und Freiheit, verbunden mit den einschränkenden Formeln von Ehre, Treue und Männlichkeit, sind nichts weiter als Instrumente der Manipulation, die ständig von denen gebraucht werden, die sie beherrschen.
Auf Kosten jener, versteht sich, die einfältig genug sind, darauf hereinzufallen.
Freiheit ist die Stärke meiner Persönlichkeit, sagte ich.
Das heißt, sein Leben nach eigenen Regeln zu leben, als Alternative zu den Regeln, die andere für uns aufgestellt haben.
Warum darfst Du, um nur ein Beispiel zu nennen, nicht lügen, wenn es Dir nützt? Wenn Du die Wahrheit sagst, obwohl es Dir schadet, wird es einem anderen nützen. Auf Deine Kosten vielleicht. Ist es da nicht besser, Du nützt Dir selbst und gibst dem anderen keine Chance, Nutzen aus Deiner Ehrlichkeit zu ziehen?
Was ist Ehre?
Was ist Treue?
Was ist Männlichkeit?
Männlichkeit ist doch nichts anderes als ein Argument, das gegen Dich verwendet wird. Wenn Du nicht tust, was eine Frau von Dir will, sagt sie mit ein bißchen Verachtung im Blick und geschickter Erwartung im Tonfall: „Du enttäuschst mich aber, ich hätte Dich für männlicher gehalten."
Sagt Sie das, weil sie für Dich etwas Gutes will? Na-

türlich nicht. Sie sagt es, weil sie Dich dazu bringen will, ihr etwas Gutes zu tun.
Als Manipulationshilfe ist ihr die Männlichkeit gerade gut genug.
Oder meinst Du wirklich, jemand, dem Du die ewige Treue versprichst – sei es ein Partner, eine Frau, ein Vorgesetzter oder eine Ideologie –, lohnt es Dir selbstlos?
Im Gegenteil. Wenn Du erst einmal Dein Bekenntnis abgelegt hast, nützen sie Dich damit aus. Immer, wenn Du in Deinem Bemühen für sie nachläßt und vielleicht aussteigen möchtest, erinnern und ermahnen sie Dich daran. Sie ermahnen Dich an Dein Versprechen, an Deine Pflicht, an die Treue.
Macht Dich Treue frei?
Nein, sie bindet Dich, sie macht Dich abhängig. Sie mindert Deinen Wert.
Für eine politische Partei, die Du aus Treue kritiklos immer wieder aufs neue wählst, bist Du uninteressant geworden. Sie braucht sich nicht mehr um Dich zu bemühen. Du bist Stimmvieh. Bemühen wird man sich vielmehr um jene Wähler, deren man nicht sicher ist.
Das heißt: Wenn Du Dich nicht bindest, wenn Du keine Treueschwüre leistest, kein Versprechen glaubst, kein Bekenntnis ablegst, das Dich bindet – dann bist Du der Freiheit näher.
Sicherlich: Es ist wahrscheinlich, daß Du dann auch auf manches verzichten mußt. Auf den Schutz einer Institution vielleicht. Wenn Du kein Mitglied der Gewerkschaft bist, genießt Du möglicherweise nicht den Schutz dieser Institution gegenüber einem Arbeitgeber.
Aber wenn Du in Deinem Job besser bist als alle Gewerkschaftsmitglieder, wenn Du so gut bist,

daß die Firma Dich braucht, dann genießt Du einen mindestens ebenso großen Schutz wie jenen der Gewerkschaft.
Du genießt obendrein größere Freiheit. Denn die Gewerkschaft kann Dich zu nichts mit der Drohung verpflichten: „Wenn Du nicht tust, was im Interesse aller ist, dann entziehen wir Dir unseren Schutz.“ Das heißt, die Stärke der Persönlichkeit und höchste Qualität Deiner Fähigkeit sind Schritte zu mehr Freiheit.
Vielleicht denkst Du jetzt, das alles sei Theorie und in der Praxis des Lebens schwer zu erfüllen. Das glaube ich nicht. Ich glaube nicht? Nein, ich weiß es ganz genau. Ich selbst habe mich in den vergangenen dreißig Jahren nie um einen Job beworben, ich bin keiner Partei beigetreten, hänge keiner Ideologie an, ich habe niemanden um Hilfe gebeten und mich niemandem verpflichtet.
Trotzdem, oder gerade deshalb, habe ich in diesen Jahren ein Vielfaches von dem erreicht, was ich mir selbst jemals erwartet hätte. Dabei muß ich Dir sagen, daß ich auf nichts für mich Wesentliches verzichten mußte, obwohl ich immer bereit war, auf alles zu verzichten.
Herzlichst, Dein Vater

4. *„Lieber Vater,* ich habe die Erfahrung gemacht, daß bei mir die Liebe nur dann so richtig einschlägt, wenn ich alle Sicherungen herausschraube. Fast alle."

Lieber Vater,
ich bin manchmal ein wenig verwirrt, wenn ich mit Dir über das Thema Liebe und Verliebtsein rede. Ich suche das Gespräch darüber, weil ich ja meine eigenen Ansichten und Empfindungen mit Deinen vergleichen will. Nur vergleichen. Denn so denken und sein wie Du, das will ich nicht.
Wenn ich mit Dir über Liebe rede, ist scheinbar alles ziemlich klar und überschaubar. Liebe ist eingeordnet in eine wohlüberlegte Gesamt-Lebensvorstellung. Aber wenn ich dann mit einem Mädchen zusammen bin, klinkt der denkende, kontrollierende Teil meines Hirns einfach aus. Er will die sachliche Struktur des Spiels, das da gespielt wird, gar nicht verstehen.
Ich glaube, Liebe ist wirklich eines der wichtigsten Dinge in unserem Leben. Nicht nur, weil sie Wünsche und Triebe befriedigt, sondern weil sie uns auch eine Illusion von Unbesiegbarkeit, von Kraft, Unendlichkeit oder Glück vermittelt. Für manche Menschen ist die Liebe Glaube und Religion, und das kann ich gut verstehen.
Ich meine, daß das, was sich zwischen zwei Menschen abspielt, wenn sie einander lieben, auf einige wenige Mechanismen reduziert werden kann. Liebe ist ein Wechselspiel von Nehmen und Geben.

Zwischen beiden Menschen herrscht ständig Spannung, die manchmal steigt und manchmal fällt. Wird die Spannung unerträglich oder verschwindet sie, trennt man sich. Hoffentlich. Ich habe die Erfahrung gemacht, daß bei mir die Liebe nur dann richtig einschlägt, wenn ich alle Sicherungen herausschraube. Oder, sagen wir, fast alle. Dabei weiß ich natürlich, daß es eine Menge Männer gibt, die sich in diesem Zustand aus Verzweiflung „die Kugel gegeben" haben.

Liebe ist für mich nichts Statisches. Sie ist ständig in Bewegung, verändert sich und nimmt immer wieder neue Formen an. Mit dem richtigen Partner kann das wirklich eine unwahrscheinlich schöne Sache sein. Mit dem Menschen, mit dem man das erlebt, entwickelt sich eine ständige Auseinandersetzung auf verschiedenen Ebenen.

Da ist die geistige Ebene, in die man durch Erlebnis und Erfahrung immer weiter vordringt und den anderen vordringen läßt. Du erkennst, lernst verstehen, durchschaust die Möglichkeiten, den anderen zu steuern. Du kontrollierst und wirst kontrolliert und fragst Dich, was am Partner echt ist und wo er Dich nur blufft.

Dann die körperliche Ebene. Die Gefühle und Reaktionen bei der ersten Berührung und die Steigerung bis zu diesem irren Höhepunkt, wo Du meinst, der Kopf zerspringt Dir. Dann ist da auch der Unterschied zwischen dem ersten Mal, wenn Du mit einer Frau schläfst, und dem Verhalten bei einem vertrauten Partner.

Ich glaube nicht, daß es irgend etwas Ähnliches gibt, das ein Mensch allein erleben kann. Oder bist Du anderer Meinung? Die totale geistige und körperliche Auseinandersetzung mit einer Frau ist für mich zudem auch eine Möglichkeit zu prüfen, wie

weit ich selbst in meiner Entwicklung bin.
Mich interessiert der Einfluß, den ich auf sie ausüben kann, und die Kontrolle darüber, wie weit ich sie in mich eindringen lasse. Ich will erkennen, wo ich verletzbar und wo ich manipulierbar bin. Das sind alles Dinge, die ich sonst nirgendwo so intensiv und auf eine so angenehme Art erfahren kann wie beim Lieben.
Ich will alle Nuancen des Zusammenseins mit einer Frau erleben. Dazu gehört es auch, sich fallenzulassen, das Über-Ich einfach auszuschalten. Dazu gehört selbstverständlich auch Enttäuschung und Verzweiflung über den Verlust einer Frau, die man liebt. Dazu gehört es, total entmündigt zu werden, den Glauben an sich selbst zu verlieren, Verzweiflung, Selbstmitleid, so richtig auf die Schnauze zu fallen.
Alles das ist Liebe. Alles gehört dazu. Nicht bloß, über beide Ohren verliebt zu sein.
Wie Du ja weißt, habe ich vor einiger Zeit so eine Enttäuschung erlebt. Zuerst habe ich selbstsicher den starken Mann gespielt, dann hat es mich erwischt, und schließlich stand ich wie ein begossener Pudel da.
Ich hatte den Eindruck, daß Du das Ganze mit Interesse und manchmal sogar ein wenig belustigt verfolgt hast. Meine erste Liebe hat mich verlassen. Für mich kam das etwas überraschend. Ein paar Wochen hat es gedauert, bis meine Wunden vernarbt waren.
Diese Enttäuschung und der Prozeß der Bewältigung haben mich stark verändert. Wie, das kann ich gar nicht so klar in Worte fassen. Ich bin verständnisvoller geworden, einfühlsamer, offener für andere Menschen. Anderseits fühle ich mich auch selbstsicherer, bestimmter, vielleicht sogar herzli-

cher. Meine Angst vor einer persönlichen Niederlage hat sich verringert, weil ich jetzt weiß, daß ich sehr gut damit umgehen kann. Die Welt ist größer geworden für mich.
Ich bin sicher, Du verstehst mich.
Wenn ich mir vorstelle, was ich in den nächsten zwanzig, dreißig, vierzig Jahren auf diesem Gebiet noch alles erleben kann, überkommt mich ein unheimliches Glücksgefühl.
Dein Sohn

5. *„Lieber Sohn,* Treue, Liebe, Hoffnung – das ist die Dreieinigkeit der Enttäuschung."

Lieber Sohn,
dieser seltsame Begriff „Liebe" scheint Dich doch mehr zu beschäftigen, als es Dir lieb ist. Beunruhigt es Dich, daß ich geschrieben habe, Liebe sei eines der raffiniertesten Instrumente der Manipulation? Was ist das, Liebe? Ein Begriff, der nicht faßbar ist. Jeder kann ihn auslegen, wie es für ihn von Vorteil ist. Jeder kann in ihn hineininterpretieren, was er sich davon erwartet.

Wer sich selbst nicht liebt, hofft auf die Liebe anderer. Er muß enttäuscht werden, weil niemand Liebe empfangen kann, der das Lieben nicht an sich selbst kennengelernt hat.

Wer jemanden anderen liebt, benützt nicht selten diese Liebe als Mittel der Erpressung. Sie sagen: „Ich habe Dir meine ganze Liebe geschenkt, und Du hast mich bitter enttäuscht."

Das ist Liebe als Erpressung: „Du hast meine Liebe enttäuscht, also mußt Du sühnen."

Wie viele einfältige Ehemänner sühnen ein Leben lang, weil sie ihre Frau ein einziges Mal betrogen, also in ihrer Liebe enttäuscht haben! Sie sühnen durch Unterwerfung, mit Geld oder mit Pelzmänteln – falls sie es sich leisten können.

„Ich liebe Dich" ist einer der gefährlichsten Sätze, die ein Partner einem anderen sagen kann.

Es ist eine Unterwerfungsformel mit verhängnisvollem Eigenleben. „Ich liebe Dich“ ist der erste Schritt. „Ich schwöre Dir ewige Treue“ ist der zweite in das Verhängnis. „Besiegeln wir unsere Liebe mit der Heirat“ ist der Sprung in die Unfreiheit.
Vielleicht irre ich. Vielleicht getraue ich mich gar nicht, das Liebes-Syndrom konsequent zu Ende zu denken. Aber ich werde den Eindruck nicht los, daß das Spiel mit der Liebes-Manipulation ein verhängnisvoller, zerstörerischer Faktor in der Partnerschaft ist.
Was schafft Liebe zwischen zwei Menschen, außer unerfüllbaren Erwartungen?
Liebe, das ist das Wundermittel. Die Hoffnung. Die Lösung aller Probleme. Das Hochgefühl. Der Beginn des Glücks.
Wer nichts anderes in eine Partnerschaft investieren kann, klammert sich an das, wofür er am wenigsten investieren muß: Liebe. Sie kommt von selbst, sie erhält sich von selbst. Sie übertüncht das Grau des Alltags mit Rosarot.
Aber welche dauerhafte Grundlage schafft Liebe für eine Partnerschaft?
Keine. Im Gegenteil. Sie schafft die Grundlage für die unvermeidbare Enttäuschung. Und diese Enttäuschung ist die wohlfeile Entschuldigung für Selbstmitleid.
„Liebe“ ist das Versprechen, das niemand erfüllen muß, weil es nicht greifbar ist.
So wie die Kirche verspricht: „Wenn Du auf dieser Erde das tust, was wir von Dir erwarten, wirst Du im Jenseits dafür belohnt.“
Noch nie mußte die Kirche darüber Rechenschaft ablegen, wie das dann tatsächlich mit der Belohnung im Jenseits ist. Die großen Sozial-Ideologien

fordern von ihren Anhängern: Wir müssen im Heute Opfer bringen, damit es den Menschen morgen besser geht.
Den Funktionären ging es meistens schon im Heute besser. Aber nur, weil andere im guten Glauben Opfer brachten, damit irgendwann einmal, in unbestimmter Zeit, das Glück käme.
Liebe ist Hoffnung. Aber nichts ist für uns und unser tägliches persönliches, individuelles, egoistisches Glück verhängnisvoller als die Hoffnung auf etwas, das wir nicht selbst unter Kontrolle haben. Das wir uns nicht selbst schaffen. Für das wir Opfer nur dann bringen, wenn wir den Nutzen aus diesem Opfer für uns selbst kalkulieren können.
Liebe, Treue, Hoffnung, das ist die Dreieinigkeit der Enttäuschung, weil sie unerfüllbar ist. Keines davon ist greifbar. Alle drei Begriffe sind nach Belieben dehnbar. Alle sind Produkte der Phantasie, mit der wir in eine Versuchung geführt werden, die realen Erfordernisse unseres Lebens auf bequeme Weise zu umgehen.
Hoffen erfordert keine Leistung.
Lieben erfordert keine Voraussetzungen.
Treue kann jeder jedem versprechen.
Nur wer charakterlos ist, läuft nicht in Gefahr, von diesen Begriffen versklavt zu werden. Er verspricht die Treue, wenn es ihm nützt, und bricht sie, wenn es zu seinem nächsten Vorteil ist. Er hat kein Schuldgefühl, das ihn manipulierbar und erpreßbar macht.
Wer heute liebt und diese Liebe heute so erlebt, wie sie sich ihm bietet, ohne für morgen irgend etwas zu erwarten, der wird morgen nicht enttäuscht sein, wenn hinter dem dünnen rosaroten Anstrich das Grau des Alltags zum Vorschein kommt.
Wer nicht hofft, daß morgen alles besser wird als

heute, sondern heute alles ihm Mögliche unternimmt, damit sich morgen das erfüllt, was er sich vorgenommen hat, kann zur Kenntnis nehmen, was seine Leistung wert war.
Liebe ohne Illusionen ist sicherlich ein Bestandteil des glücklichen Teils unseres Lebens. Aber Liebe mit der Illusion, daß sie dauerhafter wäre als den Augenblick lang, in dem wir sie empfinden und genießen, ist Unfreiheit. Aus ihr zu entkommen kostet unendlich vielen Menschen soviel Kraft, daß sie nie wieder lieben können.
Herzlichst, Dein Vater

6. „Lieber Vater, wenn ich nach einer Frau verrückt bin, soll ich mich da immer bloß fragen, ob sie mich manipulieren will?“

Lieber Vater,
ich habe heute Deinen Brief gelesen, in dem Du mir Deine Ansichten über die Liebe schreibst. Ich kann gar nicht glauben, daß Du allen Emotionen tatsächlich so distanziert gegenüberstehst, wie es in Deinen Zeilen klingt.
Du siehst, so scheint es mir, in Gefühlen vor allem ein Mittel der Manipulation. Eine Waffe, mit der man anderen gegenüber Vorteile erkämpfen kann. Wenn Du über die Liebe schreibst, klingt da aus jedem Wort sehr viel Skepsis. Eigentlich warnst Du mich in Deinem Brief sehr deutlich vor den Konsequenzen der Liebe. Dabei erwähnst Du mit keinem Wort, was Liebe für einen Menschen in jenen Augenblicken bedeuten kann, in denen sie passiert. Welche Kraft, welche Höhenflüge sie mit sich bringt. Soll man sich solche Momente des Ausflippens wirklich dadurch verderben lassen, daß man ständig an mögliche Folgen denkt?
Wenn ich nach einer Frau verrückt bin – wir schlafen miteinander und haben gemeinsam einen gewaltig-schönen Höhepunkt –, soll ich mich da immer bloß fragen, ob sie mich manipulieren will? Es muß doch zwischen Mann und Frau, Freunden oder auch zwischen Vater und Sohn Empfindungen geben, die nur schön sind. Übereinstimmung,

Zusammengehörigkeitsgefühl und Zuneigung. Alles das sind ja Facetten der Liebe. Oder?
Es muß ja in der Beziehung zwischen zwei Menschen etwas geben, das man nicht mehr zerkleinern und analysieren kann. Das einfach da ist. Groß, bedingungslos, stark.
Meinst Du nicht auch?
Auf bald, Dein Sohn

7. *„Lieber Sohn,* die Freundschaft dient vielen Menschen zu nichts anderem als zur Erpressung."

Lieber Sohn,
was Du mir in Deinem Brief über Freundschaft schreibst, klingt so romantisch-schön, daß es mich reizt, Dir einen anderen Aspekt aufzuzeigen.
Ich glaube, daß dieser Begriff Freundschaft einer der Handhaben vieler Manipulationen ist. Wir betrügen uns damit selbst, wir werden damit von anderen ausgenützt. Ganz allgemein entsteht der Eindruck, als wäre es erstrebenswert, möglichst viele gute Freunde zu haben.
Was aber ist der Mechanismus der romantischen Freundschaft, wie sie als erstrebenswert dargestellt wird?
Die Vorstellungen, die damit verbunden werden, sind:

- grenzenloses Vertrauen,
- ewige Dauer,
- die Nüchternheit des Alltags überbrückend,
- Hilfe um jeden Preis.

Alles das sind nützliche Erfordernisse in unserem Leben. Aber sie zu fordern, ohne den Nutzen-Kosten-Faktor einzubauen, ist verhängnisvoll.
Die romantische Betrachtung der Freundschaft geht vom Gegenteil aus. Nichts ist erklärt. Nach dem Nutzen einer Freundschaft zu fragen ist verpönt. Die Kontrolle des Nutzens zerstört die Ro-

mantik. Dadurch erhält die Freundschaft genau die gleichen Voraussetzungen des Scheiterns wie die Liebe ohne realistischen Hintergrund.

Wenn eine Freundschaft nicht beiden Partnern nützt, und wenn dieser Nutzen nicht realistisch ist, mag sie für kurze Zeit funktionieren, aber dann scheitert sie.

Natürlich kann die Art, in der einander zwei Partner nützen, verschieden sein. Einer kann dem anderen materiell nützen, der andere den Gegennutzen auf abstrakte Weise abzahlen.

Es ist so wie mit der Ehe zweier Leute, die ich kenne. Der Mann ist um fünfundzwanzig Jahre älter als die Frau. Er ist gescheit und häßlich, hat viel Geld, versteht zu leben und bietet seiner außergewöhnlich schönen Frau einen Lebensstil, den sie liebt.

Er nahm schon bei der Heirat zur Kenntnis, daß ihr Nutzen die wichtigste Voraussetzung dafür war, warum sie ihn genommen hat. Aber es stört ihn nicht, weil er sie liebt. Ein einseitiges Liebesverhältnis also. Sie gibt ihm ihre Jugend, und er bezahlt dafür den Preis, der für sie akzeptabel ist.

Ich denke, die beiden haben mehr in dieses Verhältnis investiert als so viele, die behaupten, sie könnten mit einem Mann oder einer Frau nur zusammenleben, wenn sie sich gegenseitig in gleicher Weise lieben.

Die Freundschaft dient vielen Leuten in Wahrheit zu nichts anderem als zur Erpressung. Du kennst ja alle diese Phrasen im Zusammenhang damit:

„Wenn Du ein wirklicher Freund bist, läßt Du mich jetzt nicht im Stich."

„Ich habe immer gedacht, Du wärst ein selbstloser Freund, dabei hast Du nur an Deinen eigenen Vorteil gedacht."

„Das hätte ich von Dir als meinen Freund niemals erwartet."
Und so weiter und so weiter.
Es ist mir durchaus verständlich, daß der Begriff Freundschaft vielen als Erpressungsinstrument dient, und sei es nur auf jene Weise, daß im anderen ein Schuldgefühl erweckt werden soll, das ihn gefügig macht.
Es ist für mich verständlich, weil auf der Ebene der Massen-Manipulation dieses Instrumentarium ja lange genug mit optimalem Erfolg angewandt wird.
Die Kirche, worauf stützt sie die Beeinflussung ihrer Anhänger? Auf die geschickte Mischung zwischen romantischem Versprechen und realen Forderungen.
Die Kirche betreibt dieses Spiel von einer idealen Ausgangsposition. Der Anhänger muß den Preis real im Heute bezahlen, aber er erhält das Versprochene erst, wenn er tot ist.
Selbstverständlich gibt es daran nichts auszusetzen, daß sich Kirche und politische Parteien, Gewerkschaften, Hilfsorganisationen, Sekten und die Werbung des Bedürfnisses der Menschen bedienen, nach einem schöneren Leben zu streben als das, mit dem sie sich täglich herumschlagen.
Wer nicht an sich selbst glaubt, möchte wenigstens irgend etwas haben, an das er sich klammern kann. Möglichst etwas, für das er nicht viel tun muß. Etwas Bequemes, bei dem man niemandem so richtig Rechenschaft abzulegen braucht.
Diese Sehnsucht nach der Bequemlichkeit ist das Anklammern an abstrakte Begriffe, bei dem einem andere hilfreich zur Seite stehen. Mit aufgehaltener Hand, versteht sich.
Also verspricht die Werbung das weißeste Weiß in

der Wäsche, mit der die Hausfrau zur Super-Hausfrau wird.
Die Versicherung verspricht Sicherheit, die sie natürlich nicht geben kann. Denn wenn Du erst einmal im guten Glauben einen Vertrag unterschrieben hast, hilft sie Dir nur in dem Maße, in dem sie muß. Wenn sie Dir dabei günstige Bedingungen bietet, dann nicht, weil sie Dich so gerne hat, sondern weil sie Dich der Konkurrenz wegschnappen will.
Der Richter verspricht Gerechtigkeit, aber er ist nur darauf bedacht, jene Gerechtigkeit an Dir zu vollziehen, die sich jene Leute vorgestellt haben, die unsere Gesetze schrieben. Ich weiß nicht, vor wie vielen Jahren das war. Aber jedenfalls schon vor einiger Zeit, als die Welt noch ganz anders ausschaute.
Wir haben uns geändert, das Leben hat sich geändert, die Erfordernisse dieses Lebens auch. Nur Gesetze und Moralbegriffe sind die gleichen geblieben.
Die Ärzte versprechen Gesundheit. In Wahrheit aber sind sie nur darauf trainiert, jeden Handgriff ihrer Behandlung in Geld umzusetzen.
Natürlich klingt das einseitig, was ich da behaupte. Aber ist das nicht die realistische, brutale, aber durchaus akzeptable Realität unseres Lebens?
Wenn wir diese Realitäten als das erkennen, was sie sind, wenn wir sie frei von romantisierenden Vorurteilen betrachten – können wir dann nicht viel leichter mit ihnen leben?
Wir aber gehen immer nur von den Maßstäben aus, die uns irgend jemand angelernt hat, den wir gar nicht kennen. Von den „Das-tut-man“-Regeln und den „Das-darf-man-nicht“-Prinzipien.
Die große Philosophie unserer Gesellschaft lautet:

„Wenn Du das tust, was Du tun sollst, bist Du gut. Wenn Du es nicht tust, bist Du schlecht.“ Alles das wird in Verbindung mit Lob und Sühne gebracht. „Wenn Du brav bist, wirst Du belohnt.“ Ist das nicht die verhängnisvolle Ur-Phrase der verhängnisvollen Verstrickung in die Heuchelei zwischen Illusion und Realität im Leben?

Warum müssen wir brav sein?

Es kann doch nur so sein, daß uns jene Leute einreden, wir sollten brav sein, denen es ungelegen kommt, wenn wir kritisch, realistisch und aufmüpfig sind.

Eine politische Partei, die Du wählen sollst, verspricht Dir alles, was Du willst, damit Du sie wählst. Wenn Du sie gewählt hast, legt sie nicht mehr den geringsten Wert darauf, von Dir zu hören.

Du dienst ihr als Instrument, um an die Macht zu kommen. Wenn sie an der Macht ist, haben die Leute, die Du unterstützt hast, genug damit zu tun, ihren eigenen Vorteil wahrzunehmen. Sie haben keine Zeit mehr, sich um Deinen Vorteil zu kümmern.

Natürlich sagen sie es Dir nicht.

Sie sagen: „Wir sind vom Volke berufen, wir erfüllen den Wählerauftrag, wir wollen das Beste für unser Land.“

Ich kenne keinen Politiker, dessen Motiv dafür, an die Macht zu kommen, nicht von nobler Selbstlosigkeit wäre.

Warum heucheln sie?

Wäre es nicht ganz selbstverständlich, wenn ein Politiker sagte: „Hört einmal her, Leute. Ich bin machtgierig, und ich will viel Geld in der Politik verdienen, damit ich meiner geltungssüchtigen Frau viele Brillantringe kaufen kann. Ich bin zu allem bereit, um an die Macht zu kommen und um möglichst lange dort zu bleiben. Bitte, wählt mich."

Wäre es nicht auch realistisch, wenn die Wähler sagten: „Ja, diesen Mann wählen wir. Kein Politiker ist besser als einer, der macht- und geldgierig ist. Er ist von uns lenkbar. Immer wenn er darauf vergißt, daß wir alle uns eine Ecke von seiner Tüchtigkeit zu unserem Vorteil abschneiden wollen, knöpfen wir ihn uns vor und machen ihm klar: ‚Junge, gib uns unseren Anteil ab, strenge Dich für uns an, sonst nehmen wir uns einen anderen, und die Macht ist weg, ohne die Du nicht leben kannst.'"

Wäre das nicht eine demokratische, offene, ehrliche, funktionierende Beziehung zwischen Volk und Politiker?

Im Gegensatz zu dem, was heute passiert: Die Kontrolle fällt weg, weil es den Machern gelingt, den unkritischen Menschen einzureden, es ginge bei allem bloß um höhere Ziele und nicht um nackte Werte.

Mit der Einstellung, von der ich rede, würden die Leute ja auch nicht ehrfürchtig und erniedrigend bei Ärzten in Warteräumen und Ordinationen sitzen und sich immer neue, zum Teil schädliche Medikamente aufschwatzen lassen.

Sie würden sagen: „Hören Sie, Doktor, bis wann muß mich dieses Medikament geheilt haben? Wenn es nichts nützt, bezahle ich auch nicht."

Bei einem Dachdecker ist es ganz selbstverständlich, daß ich ihm die Regenrinne, die er mir am Haus montiert hat, nicht bezahle, wenn der Regen daneben herunterläuft. Bei einem Arzt gilt das nicht.

Warum nicht?

Ich sage es Dir: Weil es der Arzt geschafft hat, ein romantisches Mäntelchen zu tragen und uns einzureden, Arzt zu sein, einen Titel und viele blitzende Geräte in der Ordination zu haben, das sei schon identisch mit „Helfen".

Weißt Du, was: Es ist nichts anderes als ein Scheinmanöver, das uns von der Realität ablenken soll, daß er uns in vielen Fällen gar nicht helfen kann, aber trotzdem von uns bezahlt werden will.

Ärzte, Politiker, Kirche, Richter und so weiter: Was haben sie alle mit der Freundschaft zu tun?

Bei allen wird die Realität des Lebens und das egoistische Überlebensbedürfnis der Menschen überdeckt von abstrakten Lösungsversprechungen, die nie erfüllt werden.

Etwas wird vorgetäuscht, von dem man wissen müßte, daß es unerfüllbar ist. Das Leben wird von der Realität der Alltagsbewältigung hochgehoben zur Hoffnung auf die Erfüllung von Illusionen. In dieser Kluft zwischen romantischer Hoffnung und der Realität vollzieht sich die Enttäuschung aller Menschen, die dieses manipulative System nicht durchschauen.

Herzlich, Dein Vater

8. *„Lieber Sohn,* der einzige Kampf, den ich für akzeptabel halte, ist der Kampf mit Dir selbst.“

Lieber Sohn,
Dein jüngster Brief ist ein Molotow-Cocktail, angefüllt mit Aggression. Aber es ist besser, Dein Unbehagen richtet sich gegen mich als gegen andere.
Ich halte es für eines dieser einfältigen Irrtümer so vieler Eltern, daß sie sich wünschen, ihre Kinder sollten sie lieben und sonst nichts. Oder, um es anders zu sagen: Sie sollten die Eltern lieben und ihren Unmut an jemanden anderen auslassen.
Vermutlich entspringt dieser Wunsch der Bequemlichkeit, sich nicht ernsthaft mit den Kindern auseinandersetzen zu müssen. Was sich der Staat von den Bürgern wünscht, erwarten die Eltern von den Kindern: Schön brav das alles tun, was ihnen gesagt wird, und ansonsten nicht aufzumucken.
Es ist das manipulative System der Beherrschung durch Entmündigung. Für mich ist es immer wieder erstaunlich, wie sehr sich in diesem System trotzdem noch immer der aufmüpfige Individualismus behaupten kann.
Ich meine nicht die Berufsdemonstranten, Junglinken und Pseudorevoluzzer. Ich meine die Leute, die nach der Freiheit suchen. Nicht nach der Freiheit, die man ihnen als die große Hoffnung vorlügt, sondern die einfache Freiheit, die wir alle in uns tragen.

Es ist die ungenormte Freiheit, mit der uns niemand einordnen kann. Die uns von keiner Richtung, Ideologie oder Elite abhängig macht. Es gibt nichts Absurderes als die Tendenz: „Massen, vereinigt euch zum Kampf um die Freiheit." Der vereinigte Kampf um die Freiheit kann überhaupt nichts anderes sein als ein neuer Slogan der Massenmanipulation.

Die individuelle Freiheit kommt aus der Auseinandersetzung mit der Basis. Die Basis der Freiheit aber sind wir selbst. Deine Freiheit kommt aus Dir und durch Dich und aus sonst nichts.

Du bist dafür verantwortlich. Du bist der erste und größte Nutznießer. Niemand kann Dich unter dem Vorwand der Freiheit für seine Interessen vorschieben.

Du mußt allerdings um diese Freiheit kämpfen. Der einzige Kampf, den ich für akzeptabel halte, ist der Kampf mit Dir selbst.

Ich verstehe sehr gut, wenn Du aggressiv bist. Es ist die Aggressivität gegen Dich selbst, die Du auf jemanden anderen ableitest. Es ist vermutlich die Verpflichtung eines Vaters, das zu verstehen.

Ich bin nichts anderes als Dein Blitzableiter. Du willst mich erniedrigen, um Dich selbst zu erhöhen. Die uralte Methode der Schwachen, ihre Schwäche zu überspielen. Bei Dir ist es die Ungeduld der Jugend, die schon mehr sein möchte, als sie in Wahrheit ist und sein kann.

Bei den Alten ist es die Autorität, die sie sich durch einen Titel, einen Posten oder auf andere Weise erdienert oder erkauft haben.

Von dieser Warte aus üben sie die Unterdrückung anderer aus, um ihre eigene Schwäche zu verbergen. Sie benützen die Autoritäts-Funktion, um die nachdrängende Konkurrenz zu unterdrücken.

Oder neue Ideen. Oder die Jugend, von der sie um ihre Sicherheit fürchten.
Was Du mir vorwirfst, solltest Du deshalb in aller Ruhe bei Dir selbst ergründen. Dein Unbehagen gegen mich hat die Ursache in Dir. Wobei ich natürlich nicht im mindesten daran denke, Dir bei der Lösung Deines Problems behilflich zu sein.
Auch wenn ich gelegentlich noch den Irrtum begehe, Dir Fehler ersparen zu wollen, die ich schon gemacht habe, ist mir längst klar, daß Du Deine eigenen Niederlagen brauchst. Ich hoffe, sie sind brutal, schmerzhaft, und sie kommen schnell, damit Du sie bald hinter Dir hast. Ich hoffe auch, daß sie Dich nicht umbringen.
Deine Arroganz ist der Schutzschild, hinter dem Du Deine Suche nach Deinem Weg und die Unsicherheit, mit der Du jetzt noch unterwegs bist, zu verbergen versuchst.
Auch mir gegenüber.
Ein klein wenig wundert mich das. Ist Dir wirklich nicht längst klar, daß ich alle diese Dinge durchschaue? Ich habe es dabei nicht sehr schwer, weil ich alles das selber noch viel raffinierter betrieben habe als Du.
Väter vergessen oft manches aus ihrer Jugend. Aber ich kann es nicht vergessen, weil meine Jugend – so um die zwanzig – die Zeit meiner intensivsten Kämpfe und Niederlagen war. Ich habe aus dieser Zeit kaum Siege, an die ich mich erinnern könnte.
Ich kann allerdings sagen, daß ich durch die Bewältigung dieser Niederlagen später viele Erfolge feiern konnte. Die Niederlagen haben mich gezwungen zu lernen. Das war gut.
Was tun wir nicht alles, um der Umwelt vorzumachen, wir seien viel besser, stärker, edler, begeh-

renswerter, als wir unserer eigenen Meinung nach sind? Wir bluffen und lügen und greifen zum bewährtesten Mittel: Wir greifen an. Die Aggression als Flucht nach vorne, um hinter viel Radau vor den anderen unsere Schwächen zu verbergen.
Ich habe viele Stunden damit zugebracht, mir über die Frage den Kopf zu zerbrechen: Warum wollen wir uns von unseren Schwächen distanzieren, obwohl sie doch genauso ein Teil von uns sind als unsere guten Seiten? Warum erträumen wir uns die angeblichen guten Seiten und schämen uns unserer schlechten Eigenschaften so sehr, daß wir bereit sind, alle nur denkbaren Opfer zu bringen, um sie zu verbergen?
Leute, die zu Geld gekommen sind, geben Millionen davon aus keinem anderen Grund aus, um jene Seite ihrer Persönlichkeit zu verbergen, von der sie nicht möchten, daß sie sichtbar wird. Sie erkaufen sich einen guten Ruf. Aber ich frage Dich: Was ist denn das überhaupt, guter Ruf? Was ist Image, Charakter, was ist ein ehrenwerter Bürger?
Was ist das?
Es ist der Versuch einfältiger Menschen, Maßstäben gerecht zu werden, die nichts anderes von ihnen verlangen, als sich selbst als individuelle Persönlichkeit zu verleumden.
Uns selbst verleumden, das fordert die Gesellschaft permanent von uns.
Nicht das, von dem Du in Dir spürst, daß es für Dich richtig ist, sollst Du tun, sondern das, was der Gesellschaft gefällt.
Wer ist diese Gesellschaft?
Weißt Du, wer diese Gesellschaft ist? Kennst Du irgend etwas Greifbareres, das diese anonyme, aber so unendlich mächtige Gesellschaft repräsentiert?
Die Gesellschaft, die Menschenwürde, die Männ-

lichkeit, unser Volk, die Menschlichkeit, das Ehrgefühl, unsere Verantwortung den Mitmenschen gegenüber, der Humanismus.
Was ist das alles?
Alles das, so glaube ich, steckt hinter Deiner Aggression. Du möchtest so sein, wie „man“ sein sollte: menschlich, würdig, ehrlich, männlich und so weiter. Aber Du bist es nicht. Du kannst es mit zwanzig Jahren auch gar nicht sein. Du bist ungeduldig. Du möchtest schon soweit sein.
Was tust Du?
Du suchst die Flucht nach vorne, um vorzutäuschen, daß Du schon soweit bist. Du greifst an und schreist den Alten ins Gesicht: Was seid Ihr doch für Scheißer, daß Ihr nicht versteht, was ich verstehe! Was wir verstehen, wir Jungen?
Das „Wir“ ist wichtig. Denn als einzelner ist man ja nichts. Also verschanzt man sich hinter das Wir. Das tut ja auch der Staat, das tun die Parteien. Das ist überhaupt ein Prinzip unserer Zeit.
Es ist eine Zeit der Quantifikation. Was viele machen, ist nur deshalb schon richtig, weil viele es machen.
Was ein einzelner macht, gilt in der Wissenschaft nichts, die für diese Einstellung mitverantwortlich ist.
Erst viele „Fälle“ – nicht mehr Menschen, sondern Fälle werden als glaubhaft akzeptiert – beweisen die Richtigkeit einer Sache. Sie beweisen die „Wahrheiten“ der Wissenschaft.
Diese Wissenschaft.
Sie läßt eine Million Menschen sterben, weil ein brauchbares Heilmittel noch nicht „wissenschaftlich abgesichert“ ist. Die Wissenschaft hat den Individualismus verbannt und die Einordnung und Vermassung mitverschuldet.

Weißt Du, daß die alten Chinesen vor 2000 Jahren in ihrer Akupunktur-Medizin noch bei der Behandlung einer Krankheit unterschieden, in welcher Jahreszeit ein Patient krank war? Sie sagten: Im Frühling ist der Körper eines Menschen ganz anders konditioniert als im Winter. Also müssen wir ihn gegen ein und dieselbe Krankheit im Frühling ganz anders behandeln als im Winter.
Ist das nicht logisch?
Sollte die Wissenschaft von heute nicht auf Logik aufbauen? Aber was tut sie? Ihr einträglichster Zweig, die Medizin, verschreibt den Patienten immer die gleichen Tabletten, sommers und winters. Gleichgültig auch, ob der Patient männlich oder weiblich ist, jung oder alt, cholerisch oder phlegmatisch.
Sie, die Wissenschaft, hat diese Begriffe von „Cholerik“ und „Phlegmatik“ erfunden, sie hat die Unterscheidung der Menschen ins Extrem getrieben. Aber sie verschließt ihre Augen vor der Konsequenz, die daraus gezogen werden müßte.
Die Konsequenz nämlich, daß wir alle einmalige Einzelwesen sind, die einmaliger Einzellösungen bedürfen bei der Bewältigung ihres Lebens und der Probleme, die das Leben uns an jedem einzelnen Tag stellt.
Ich wollte mit diesen Zeilen zu Deiner aggressiven Stimmung Stellung nehmen, die mir aus Deinem Brief entgegenschlug. Na ja, es ist wieder ein Traktat meiner Erkenntnisse geworden. Ich wollte Dich nicht belehren. Aber vielleicht regt Dich der eine oder andere Hinweis zum eigenen Nachdenken an.
Hofft – Dein Vater

9. „Lieber Vater, ich pfeife auf den Frieden in der Welt und auf die Politik der Mächtigen. Mich interessiert zuerst, was dort passiert, wo ich bin."

Lieber Vater,
Ich sitze in meiner Bude und habe gerade im Fernsehen die Nachrichtensendung gesehen. Manchmal könnte ich in den Kasten hineinbrüllen vor ohnmächtigem Zorn, wenn ich alle diese Phrasen und Floskeln höre, getragen vorgetragen von dümmlichen Journalisten und zurückgespielt von Politikern und sogenannten Staatsmännern.
Ich frage mich wirklich, wie das alles noch funktioniert in unserer Welt und wie lange es noch so weitergehen kann. Wobei mir natürlich klar ist, daß es immer irgendwie weitergeht. Aber mir wird ganz übel, wie diese Politik funktioniert und wie dieses Spiel überhaupt läuft.
Es ist für mich so unbegreiflich, daß ich ein Teil dieses Systems werden könnte. Nichts hat mehr mit dem zu tun, für das es dasein soll. Die Parteien sind für sich selbst da, die Gewerkschaften sind für sich selbst da, natürlich auch die Kirchen.
Alle wollen nur erhalten, was sie haben, und wehren sich gegen jede Änderung. Wenn ich im Fernsehen die Abstimmungen im Parlament sehe, dann ist es das erschütternde Symbol der Selbstentmündigung von Menschen, die vorgeben, unser Bestes zu wollen. Und wir Arschlöcher, das Volk, glauben das auch noch.

Kaum stehen ein paar Leute dagegen auf, fangen sie im nächsten Moment schon an, sich nach genau den gleichen Strukturen zu organisieren wie jene, die sie ersetzen sollen. Ich frage mich, ob die großen politischen Parteien sich nicht schon längst überholt haben.

Sie sind erstarrt und vergeuden ihre Energie vorwiegend damit, sich zu erhalten, zu arrangieren, zu interpretieren und sich so zu verkaufen, wie der Kunde es sich wünscht.

Aber Politik ist nur funktionell in der Dynamik. Im Spiel der Gegnerschaft, nicht in der Koalition der Erstarrung. Ich kann gar nicht verstehen, wieso es Koalitionen geben kann. Politik ist doch agieren und kontrollieren. Wir Bürger können nur daran interessiert sein,

- daß die politischen Parteien wetteifern, um vor der anderen ans Regieren zu kommen.
- Wenn die eine regiert, muß die andere versuchen, besser zu sein.
- Und der Bürger muß sie beide ständig in Angst und Schrecken versetzen, vom Podest heruntergewählt zu werden.

Was interessieren mich die Probleme einer unfähigen Partei. Mich als Bürger kann einzig und allein das Ergebnis interessieren, das ich selbst spüre. Ich pfeife nämlich auf den Frieden in der Welt und auf die Politik der großen Mächte. Mich interessiert zuerst das, was dort passiert, wo *ich* bin.

Jetzt höre ich Dich richtig sagen: „Na, dann tu doch etwas.“ Du kommst garantiert auch wieder zu dem Schluß, daß alle Politik bei mir selbst anfängt. Bei meiner Entschlossenheit, mich im Leben durchzusetzen. Weil das die Grundlage der Gemeinsamkeit ist.

Ich gebe es nicht gerne zu, aber Du hast mich ja

10. „Lieber Sohn, ich will das Ich vom Ich befreien."

Lieber Sohn,
ist es nicht eigenartig, wie wir uns immer gezwungen sehen, zwischen dem Sich-gehen-Lassen und dem kontrollierten Handeln zu leben?
Ich erinnere mich an Deinen Brief, in dem Du schriebst, wie wichtig es für Dich sei, in der Liebe mit einer Frau „fast alle Sicherungen herauszuschrauben". Anderseits ist es Dir wichtig zu kontrollieren, welchen Einfluß Du auf eine andere Person ausüben kannst und wie weit Du sie in Dich hineinlassen willst.
Seit Jahren beschäftigt mich genau dieses Problem. Ich habe es nicht gelöst. Aber ich werde niemals aufgeben, die Zusammenhänge immer besser zu verstehen und die Lösung zu finden.
Die Lösung.
Wäre ich Zen-Buddhist, würde ich sagen: „Die Erleuchtung." Wenn ich gläubiger Katholik wäre, würde ich sagen: „Die Vereinigung mit Gott."
Aber ich suche die Freiheit in mir. Die Freiheit in mir sehe ich als das Ergebnis eines aktiven Vorgangs. Als „die Befreiung". Es ist, so scheint es mir, im Grunde genommen nichts anderes als eine Befreiung von mir selbst. Ich will das Ich vom Ich befreien.
Ich weiß, das klingt eigenartig. Es klingt so wie das

Bemühen um die absichtlose Absicht oder das glücklose Glück.

Kaum jemand, vermute ich, wird den Sinn solcher Zielsetzungen verstehen, wenn er sich nicht durch permanente Erfahrung in die Lösung der Frage vertieft.

Für mich ist dieser Weg die regelmäßige Meditation, die immer stärker immer weitere Bereiche meines Lebens erfaßt.

Wenn ich täglich als Übung der Selbstbefreiung mit der Pistole schieße, dann möchte ich, daß sich der Schuß absichtslos löst. Denn schon die Absicht, ins Zentrum treffen zu wollen, stört das Gelingen. Der Gedanke: „Ich will ins Zentrum treffen" löst die Angst aus, ich könnte nicht ins Zentrum treffen. Das baut eine Spannung in mir auf, die das Gelingen stört. Angst stört das Gelingen.

Die Angst wieder entsteht aus der Erwartung und dem Erfüllungszwang. Der Erfüllungszwang schließlich kommt von der gesellschaftlichen Wertung: Etwas zu schaffen ist gut, etwas nicht zu schaffen zieht gesellschaftliche Diskriminierung nach sich. Und Selbstzweifel.

Selbstbefreiung heißt also, daß wir das Gelingen einer Sache wertfrei stellen.

Jeden Morgen, wenn ich mich im Lotussitz auf meine Couch setze, gehört zu meinen Vorstellungen:

„Mein Herz ist unbewegt in der Bewegung. Das Ich ist ohne Form." Ich habe diese Sätze irgendeinmal in der Zen-Literatur gefunden und aufgeschrieben.

Es hat Jahre gedauert, bis mir ihre Bedeutung klar wurde. „Das Herz ist unbewegt in der Bewegung" heißt: nicht hassen und nicht lieben, nicht wünschen und nicht hoffen.

Aber alles das sind natürlich armselige Worte, die um den Brei herumstreichen, um den es geht. Die Lösung kann nur in der Erfahrung gelingen.
Für mich ist diese Erfahrung die tägliche Meditation mit dem unermüdlichen Versuch, dabei nichts zu erwarten, obwohl ich beschlossen habe, irgendwann einmal einen hohen Grad der Selbstbefreiung zu erlangen.
Aber ich hoffe nicht.
Ich habe keinen Termin.
Ich habe keine Vorstellung. Keine Erwartung.
Ich weiß nur, daß ich nicht aufhören will, meine Befreiung zu versuchen.
Das Ziel ist der Weg. Aber auch der Weg ist schon das Ziel.
Schreibe bald.
Dein Vater

11. „Lieber Vater, ich muß in vielen Dingen Schritte machen, die Du nicht gemacht hast. Das ist der einzige Weg, aus Deinem Schatten herauszutreten.“

Lieber Vater,
ich finde, es ist an der Zeit, daß ich Dir von meinem Experiment berichte, das ich vor einiger Zeit gemacht habe. Es ist ein gutes Gefühl, zu wissen, daß Du meine Entscheidung nachträglich für richtig finden wirst.
Ich muß das machen. Du hast es nie gemacht. Du hast nie die Droge LSD genommen, also wollte ich es tun. Ich muß in vielen Dingen Schritte machen, die Du nie gemacht hast. Das ist für mich der einzige Weg, aus Deinem Schatten herauszutreten und ich selbst zu werden.
Ich habe also einen LSD-Trip gemacht.
Ich wollte das schon längst tun, aber ich habe auf die richtige Gelegenheit gewartet, denn dafür mußte einfach alles stimmen. Ein Freund, den ich schon lange kenne, hat den Stoff von einer vertrauenswürdigen Person bekommen. Dann kam der Tag, an dem wir beschlossen, die Sache zu starten.
Es war eines der tollsten, verrücktesten, faszinierendsten Erlebnisse in meinem bisherigen Leben.
Ich möchte gerne, daß Du mich wirklich verstehst, deshalb werde ich versuchen, Dir ganz genau zu schildern, wie es ablief.
Mein Freund hatte gesagt, LSD-Kauf sei Ver-

sich in bestimmten Phasen dieses Rausches viel besser konzentrieren als im Normalzustand.
Dann war ich ziemlich erschöpft. Die Augen schmerzten, der Kopf drohte zu platzen. Aber es ist nicht wie beim Fernsehen, wo Du abschaltest. Das Zeug fährt einfach mit Dir ab. Wahrscheinlich ist es auch so, daß die Dinge, die es mit Dir macht, um so verrückter werden, je mehr Du Dich ihnen hingibst.
Nach acht oder neun Stunden wurden die Intervalle zwischen den einzelnen Schüben etwas länger, aber sosehr ich es auch versuchte, ich konnte nicht schlafen. Schon der kleinste Gedanke wuchs sich zu einem Phantasiegiganten aus.
Das Erleben ist nicht so wie bei einem Alkoholrausch, also verschwommen und unklar. Es ist gestochen scharf und präzise und spielt sich auf mehreren Ebenen gleichzeitig ab. Trotzdem bekommt man aber alles zur gleichen Zeit mit.
Ich konnte keine raschen, gezielten Bewegungen machen. An ein Gespräch oder eine Diskussion mit meinem Freund war nicht zu denken. Wir unterhielten uns wohl mit schwerer Zunge, die Worte kamen schleppend, aber es endete immer wieder in einem unheimlichen Gekichere, wir amüsierten uns beide über die Unzulänglichkeit der Sprache, das auszudrücken, was wir erlebten.
Alles passierte gleichzeitig. Wahnsinn.
Ich verzweifle jetzt, wo ich das niederschreibe, ein bißchen daran, Dir nicht besser vermitteln zu können, was ich erlebte. Irgendwann am nächsten Morgen waren wir wieder soweit, daß wir klarer denken konnten. Die Motorik funktionierte einigermaßen. Wir beschlossen, essen zu gehen.
Wir bummelten durch die Straßen und über den Markt in ein kleines Lokal. Wir setzten uns hin

und bestellten Schnitzel und Bier. Die Atmosphäre um diese Zeit am frühen Morgen war verrückt. Beim Eingang tanzten ein paar besoffene Punks herum. Ein Pärchen, an die Siebzig oder drüber, zwitscherte den ersten doppelten Branntwein, zwei Taxifahrer stritten sich. Interesse und Faszination aktiviert offensichtlich die Wirkung des Giftes. Man nennt das „Flashback".

Wir trennten uns nach dem gemeinsamen Frühstück. Ich zog allein durch die Stadt und ging erst am Abend nach Hause, nachdem ich 28 Stunden lang ununterbrochen wach gewesen war. Dann habe ich 16 Stunden durchgeschlafen.

Wie sehe ich heute dieses Experiment? Es war jedenfalls der verrückteste Tag. Ich habe Dinge erlebt, die meinen Geist irgendwie aufgeweckt haben. Unglaublich, wie das überhaupt möglich ist. Wie mein Hirn überhaupt dazu fähig ist, das alles zu verarbeiten. Der Trip hat mich erfahrener und reifer gemacht.

Ich finde, wir müssen uns das Recht nehmen, das Leben zu erleben. Es wirklich selbst zu erleben. Nicht, es uns von anderen vorkauen zu lassen. Oder verbieten zu lassen. Bis wir, eingesperrt in ein Netz von Moral, Verboten und Geboten, nur mehr das sehen und erleben, was erlaubt ist.

Selbsterleben heißt ausbrechen.

Ich weiß jetzt, wozu mein Gehirn fähig ist. Satori, die Erleuchtung, gewinnt der Zen-Mönch auch einzig und allein durch sein Selbsterleben.

Als ich nach meinem LSD-Erlebnis durch die Straßen gezogen war, mußte ich manchmal laut lachen, wenn ich den Leuten zuschaute. Die hatten alle keine Ahnung, was ich erlebt hatte. Sie kamen mir unwissend, spießig und naiv vor. Sie taten mir leid. Ich habe etwas erlebt, das meinen Horizont erwei-

und Kontrolle ausüben wollen. Ein Heerführer kann keinen Krieg führen, wenn er den Leuten, die für ihn sterben sollen, nicht ganz klare und starke Wertmaßstäbe aufzwingt.
Den Maßstab etwa, „Mut und Heldentum sind gut und werden belohnt“. Anderseits den Maßstab: „Feigheit, Ungehorsam und Zweifel am großen Ziel sind schlecht und verwerflich und werden bestraft“. Durch Mißachtung der Mitwelt oder auch durch öffentliche Hinrichtung. Wie etwa bei Feigheit vor dem Feind im Kriegsfall.
Um diese Maßstäbe durchzusetzen, dient das Schuld-und-Sühne-Prinzip.
Wer gegen die Maßstäbe verstößt, macht sich schuldig und muß sühnen. Diese Sühne dient der Mitwelt als abschreckendes Beispiel.
Na ja, und da kommt das Schuldgefühl ins Spiel. Jeder, der gegen die Maßstäbe verstößt, soll Schuldgefühle haben. Er soll fürchten, daß man ihn dabei erwischt, wenn er nicht so handelt, wie man zu handeln hat.
Zum eigenen Vorteil? Nur sehr selten. Vorwiegend dienen ja diese Maßstäbe nicht dem Wohle des einzelnen, sondern natürlich immer dem „Wohle der Allgemeinheit“.
Das Wohl der Allgemeinheit muß für das Wohl der kleinen Gruppe derer herhalten, die sich dieses System zunutze machen.
Verstehe mich recht: Ich finde es in Ordnung, daß sich einige wenige die bequeme Einfalt vieler zunutze machen. Ich möchte allerdings weder zu den einen noch zu den anderen gehören.
Mir tun die vielen Manipulierten nicht leid. Ich verspüre auch keine „ehrliche Empörung“ gegen die angebliche Ungerechtigkeit. Ich meine vielmehr: Wir in unserem Teil der Welt haben heute

die Möglichkeit, uns eigene Gedanken zu machen. Wir können lesen, was wir wollen, wir können eigene Initiativen entwickeln, wir können unseren eigenen Weg gehen, unsere Vorstellungen vertreten und in einem sehr hohen Maße jenes Leben führen, das wir führen möchten.

Die Voraussetzungen dafür sind:

- Wir müssen wissen, was wir wirklich wollen. Was *ich* als einzelner, als Individuum will.
- Wir müssen uns zu uns selbst entscheiden und bekennen.
- Und wir müssen kämpfen.

Ich halte nichts von den Leuten, die immer nur darüber jammern, daß „die da oben" uns „da unten" manipulieren. Die darüber reden, darüber argumentieren, die es politisch inszenieren und vertheoretisieren und dann darauf warten, daß irgend jemand sich danach richtet und etwas ändert. Wer etwas ändern will, muß selbst etwas ändern. Wer allerdings zu bequem dazu ist, darf auch keine Änderung erwarten.

Anders ist es ja kaum denkbar.

Wer sollte denn etwas ändern? Doch nur „die da oben", die am Drücker sind. Die aber haben gar kein Interesse daran, etwas zu verändern, was ihnen nützt.

Änderungen können sich nur vollziehen, wenn diejenigen, die an der Änderung interessiert sind, eine Änderung herbeiführen. Sie können sie nur herbeiführen, wenn sie denen, die aus den bisherigen Zuständen profitieren, etwas wegnehmen.

Dieser Vorgang ist Kampf.

Einen Kampf aber kannst Du nur aus der Position der größeren Stärke heraus für Dich entscheiden.

Oder hast Du schon einmal davon gehört, daß jemand einen Krieg durch Reden, Beschwerden, De-

müßte dieses Prinzip nach 2000 Jahren Propaganda dafür schon längst unser Leben bestimmen.
Ich nehme zur Kenntnis, daß das Gegenteil der Fall ist und die Menschen nach 2000 Jahren Liebes-Werbung bösartigere, unmenschlichere, wirksamere Mittel geschaffen haben, um einander umzubringen, als einander am Leben zu erhalten.
Also nehme ich das Leben zur Kenntnis. Was mich hingegen beschäftigt, ist: Wie mache ich aus dem Gegebenen für mich das Beste?
Wie also machst Du aus dem Schuldgefühl, das ich Dir – bewußt oder unbewußt oder auch nur in Deiner Phantasie – vermittle, das Beste für Dich?
Vor allem aber stellt sich die Frage: Wie machst Du selbst Dich so stark, daß Deine eigenen Alternativen in Dir stärker sind als die Maßstäbe anderer Leute, die Dir das manipulative Schuldgefühl vermitteln?
Deiner Antwort sehr interessiert entgegensehend, verbleibe ich natürlich auch weiterhin Dein Dich sehr schätzender
Vater

13. *„Lieber Vater,* ich bin viel zu oft bestrebt, nicht aufzufallen."

Lieber Vater,
ich ertappe mich immer wieder dabei, wie ich Gedanken an etwas Außergewöhnliches verdränge. Ich erlaube mir nicht, verrückte Ideen zu Ende zu denken. Und das nur deshalb, weil sie nicht der Norm entsprechen.

Ich würge solche Ideen ab, indem ich denke: „Es hat doch gar keinen Sinn, auch nur einen einzigen Gedanken daran zu verschwenden. Das kannst Du Dir ja doch nicht leisten. Dazu bist Du noch viel zu unerfahren. Da halten Dich ja alle für verrückt."

Ich bin viel zu oft bestrebt, nicht aufzufallen. Gleichzeitig habe ich aber eine panische Angst davor, den gegebenen Verhaltensnormen zu folgen.

Ich höre gerne laut Musik. Aber wenn ich laut Musik höre, sitzt das kleine Männchen in meinem Hinterkopf und hämmert mir beharrlich ein, daß meine Musik andere Leute stören könnte. So fällt es mir schwer, zu dem zu stehen, was ich machen möchte.

Dieses verdammte Schuldgefühl macht mir zu schaffen. Statt eine Sache einfach so zu machen, wie ich sie mir auf Anhieb als richtig vorstelle, und abzuwarten, was passiert, verurteile ich sie, noch ehe ich damit angefangen habe. Ich verurteile sie zum Scheitern, indem ich mir gar nicht erlaube, sie

14. „Lieber Sohn, Aggression ist die lauteste Form, seine Schwächen zu verbergen."

Lieber Sohn,
ich bin versucht zu sagen: Es ist ein gutes Zeichen, wenn Dir Deine Aggressionen, von denen Du in Deinem jüngsten Brief schreibst, Unbehagen verursachen. Aber das ist natürlich auch schon wieder eine dieser Wertungen, von denen ich den Verdacht habe, daß sie zu den Auslösern von Aggressionen gehören.

Aggression ist die lauteste Form, seine Schwächen zu verbergen.

Wer Angst hat, ein anderer könnte ihn schlagen, schlägt vorsichtshalber als erster zu. Es fehlt ihm die innere Sicherheit, wenigstens so lange zu warten, bis der andere seinen Angriff startet. Krawall macht auch, wer von den anderen zu wenig beachtet wird. Wenn er gar nichts hat, keine Fähigkeiten, keine Persönlichkeiten, kein Geld, keine Macht — dann schlägt er um sich, damit man ihn wenigstens überhaupt zur Kenntnis nimmt.

Die Aggression ist eine Form der Selbstbehauptung. Man erniedrigt einen anderen, um sich selbst zu erhöhen.

Autoritäten geben durch Aggression der Umwelt Signale ihrer Machtposition, um andere abzuschrecken, sie ihnen streitig zu machen.

Wie Du es auch drehst und wendest, letztlich

steckt hinter jeder Aggression die Angst.
Wo steckt Deine Angst?
Was willst Du verbergen?
Wahrscheinlich hast Du Schwächen, die Du lieber vergessen möchtest, als Dich zu ihnen zu bekennen. Es gibt für einen Zwanzigjährigen verschiedene Möglichkeiten, sich mit dem Leben anzufreunden:

- Er hört zu, nimmt auf, verarbeitet und lernt, damit er möglichst bald so gut ist wie die Älteren.
- Er schlägt die wilde Trommel und tut so, als wäre er eines dieser jungen Genies, die gekommen sind, um die Welt zu verändern.

Diese wilden Jungen schaffen es nur selten, wirklich ans Ziel zu kommen. Sie glauben nämlich bald selbst, was sie den anderen vormachen. Sie meinen, sie wären schon am Ziel, obwohl sie nicht einmal den ersten Schritt dorthin gemacht haben.
Ihr Lärm verändert nichts.
Die Könner verändern. Sie tun es meistens schon durch ihr Können.
Gelegentlich begegne ich Leuten, die nimmt man bereits zur Kenntnis, weil sie da sind. Sie reden wenig, aber was sie sagen, glaubt man ihnen. Man nimmt sie zur Kenntnis, wie sie sind. Sie brauchen nicht viel zu reden. Ich glaube ja überhaupt, daß wir die Sprache viel mehr dazu benützen, um zu verbergen, als um kundzutun.
Wir benützen die Sprache, um dem Bekenntnis auszuweichen.
Deutsche Journalisten haben den sogenannten „kritischen Journalisten“ erfunden, um sich vor dem Bekenntnis zu drücken. Sie kritisieren alles und bewundern nichts. Sie respektieren niemanden, machen andere nieder, um sich selbst zu erhöhen.

Sie versteigen sich bisweilen so weit, daß sie etwas für die Wahrheit ansehen, nur weil sie es geschrieben haben.
Der Höhepunkt dieser Arroganz war zweifellos die Affäre der Illustrierten „Stern" mit den falschen Hitler-Tagebüchern. Diese Journalisten und Verlagsleute waren tatsächlich am Höhepunkt ihrer Realitätsflucht angelangt. Sie statuierten etwas als die Wahrheit, nur weil sie selbst es für die Wahrheit hielten.
Überall und zu jeder Zeit wird es Leute geben, die nicht mehr wissen wollen, was recht ist, sondern die darauf bestehen, daß das, was sie für recht erklären, auch als Recht anerkannt wird.
Das ist der Anfang des Teufelskreises.
Weil sie natürlich nicht immer recht haben können, irren sie und müssen ihre Irrtümer ständig vertuschen. Damit die Leute diese Irrtümer als recht anerkennen, muß Druck ausgeübt werden. Prinzipiell ist kein Unterschied, ob man einen Mitarbeiter, der um seine Existenz bangt, dazu zwingt, den größten Blödsinn als richtig zu erklären, als wenn man jemanden ins Konzentrationslager schickt, weil er eine andere Meinung äußert.
Der Wille, recht zu haben, weil man recht haben muß, bringt die aggressive Form des Umgangs mit der Umwelt ins Spiel.
Natürlich gibt es die harmlose Form der Aggression als alltägliches manipulatives Spiel. Da gewinnt einmal der eine, morgen der andere. Keiner will den anderen umbringen, weil ja ohne Gegner das Spiel kein Spiel mehr wäre.
Die weniger harmlose Form der Aggression ist jene, die keinen Gegner mehr duldet. Das ist das Ende des Spiels. Denn der Aggressor darf sich keine Niederlage erlauben. Er muß immer recht haben

und dafür sorgen, daß sein Recht durchgesetzt wird. Also muß unterdrückt werden, wer selbst recht haben möchte.
Wenn Du heute jemanden beleidigst und Dich morgen dafür entschuldigst, öffnest Du vermutlich eine Tür. Ein Wechselspiel kann beginnen. Solange dieses Spiel funktioniert, ist es befruchtend, hält es in Schwung, zwingt es zur ständigen Aufmerksamkeit, macht es kreativ.
Die Aggression wird gefährlich, wenn Du der einzige sein willst, der recht behält.
Ich glaube nicht, daß die Aggression stark macht. Sie ist eine Form, so zu tun, als wäre man stark. Wenn man nämlich stark wäre, müßte man seine Stärke nicht spielen. Also schließt die Aggression die Schwäche ein.
Wer stark ist, kann die Aggression des anderen dazu nützen, ihn zu manipulieren.
Sicherlich ein faszinierendes Spiel, andere Leute mit Hilfe ihrer eigenen Aggression zu besiegen. Es ist die Idee mancher asiatischer Kampfarten wie Judo oder Aiki-Do.
„Lenke den angreifenden Gegner mit der Kraft seines eigenen Angriffs so lange ins Leere, bis er einsieht, daß sein Angriff sinnlos ist", so etwa sehe ich das Prinzip dieses „Siegens, ohne zu kämpfen". Du kämpfst nicht, sondern läßt den Angreifer mit sich selbst kämpfen, bis er sich besiegt hat.
Wir, mit unserer Männlichkeit, Erziehung zum Heldenhaften, haben Schwierigkeiten, dieses Prinzip zu verstehen. Wir sind zum Siegverhalten erzogen worden. Zur Sieger-Sehnsucht.
Lieber als Held sterben denn als Gescheiter leben. Das ist das Ideal, das man uns eingeredet hat.
Wir müssen siegen. Und wie? Indem wir andere besiegen.

Welche anderen müssen wir besiegen? Die, von denen man uns sagt, daß sie unsere Feinde sind.
Sich selbst zu besiegen macht es überflüssig, jemanden anderen besiegen zu müssen, damit wir Helden sind.
Verstehst Du?
Sich selbst besiegen nach eigenen Maßstäben. Ohne für den Sieg das Lob der anderen zu erwarten, sondern unser Handeln selbst zu beurteilen.
So einer braucht keine Aggression.
Wozu auch? Er hat die Vorstellung des Siegens verändert. Er braucht keinen Feind mehr, den er besiegt, um dafür gefeiert zu werden. Er reagiert auf die Aggression des anderen nicht mehr mit Gegen-Aggression, also dem Versuch, sich zu verteidigen. Er braucht ja auch keine Verteidigung, weil er den Aggressor ins Leere kämpfen läßt.
Jemand brüllt Dich an: „Kirschner, Du bist das größte Arschloch Mitteleuropas."
Du sagst: „Ja, mein Freund, das bin ich."
Du sagst nicht: „Du bist ein viel größeres Arschloch." Du haust ihm nicht aufs Maul, damit er zurückhauen kann und damit eine Begründung dafür hat, Dich tatsächlich als miesen Hund zu sehen, den er zu Recht bekämpft. Du läßt ihn Dich beschimpfen, bis ihm nichts mehr einfällt. Du hörst ihm zu und nickst freundlich und ernsthaft, bis er daran zweifelt, ob Du wirklich so mies bist, wie er Dich macht. Dann muß er irgendwann einmal am Ende sein und sich fragen: „Was ist denn hier los? Der wehrt sich nicht. Der gibt mir keinen Grund, ihn nicht zu mögen. Er schlägt nicht zurück, damit ich ihn schlagen kann?"
Irgendwie lautet ja die christliche Idee von der Liebe: „Wenn Du mich auf die eine Backe haust, strecke ich Dir auch die andere hin." Aber diese

Vorstellung hat keinen Background, deshalb hat sie sich auch nicht durchgesetzt.
Die „Siegen-ohne-zu-kämpfen"-Idee kann nur aus Dir selbst heraus wachsen. Sie kann nicht von außen kommen.
Ich schreibe Dir das hier alles auch nicht, um am Ende zu sagen: Und jetzt, mein Sohn, mach das alles schön, was Dein weiser Vater Dir sagt. Ich meine nur, daß das Unbehagen mit Deinen Aggressionen ein Ansatz für Dich sein könnte, diesen Aggressionen auf den Grund zu gehen. Nicht wissenschaftlich-allgemein. Nicht theoretisch, durch das Lesen von Büchern über Aggression. Nicht durch das Studium der Verhältnisse in Chile, Argentinien, in der Sowjetunion oder im Tierreich.
Nein. Überhaupt nicht durch das Hinausschauen auf die anderen, sondern durch das Hineinschauen in Dich selbst.
Erinnerst Du Dich noch an unsere Gespräche über den Film „Apocalypse now"? Wir haben uns Dutzende Male das Band mit den Soundtracks angehört. Die Musik, die Geräusche der Hubschrauber, das Rattern der Maschinengewehre, die Dschungelgeräusche, das Schreien der Soldaten.
Dann die Stimme von Marlon Brando als verrückter Ami-Offizier, der irgendwo in den Bergen mit seinen Leuten einen eigenen Krieg führt. Bevor er von einem ausgeschickten Agenten getötet werden muß, weil er sich nicht mehr den Befehlen der Armeeführung unterwirft.
Du hast mich auf die Selbstgespräche dieses Offiziers aufmerksam gemacht. „Judgement", sagt er, „ist unser Verhängnis". Es hindere uns daran, das zu tun, was getan werden müsse. Das Verhängnis sei, daß wir alles, was wir tun, sofort nach den Maßstäben bewerten, die man uns eingelernt hat.

„You may kill me“, sagt er, „but you have no right to judge me.“
Du weißt ja, wie ich täglich versuche, diesen Weg zurück zu mir selbst zu gehen, wenn ich meditiere: „Jeder Angriff geht an mir vorbei ins Leere.“ Und: „Mein Herz ist unbewegt, das Ich ist ohne Form.“
Die Suche nach sich selbst ist die Suche nach dem Weg, der die Aggression überflüssig macht. Wenn ich mich selbst gefunden habe, brauche ich von niemandem anderen mehr die Bestätigung meines Ich. Ich muß ihn nicht mehr beleidigen, damit er mich zur Kenntnis nimmt. Der Kampf um das tägliche bißchen Anerkennung durch die Umwelt fällt weg. Ich habe gelernt, mich selbst anzuerkennen, und das genügt mir.
Ich brauche dann den Kampf auf allen Ebenen nicht mehr, auf denen wir ihn führen:

- Ich brauche keinen Stolz mehr und keine Ehre, die ich verteidigen müßte, weil sie verletzt wurden. Ich bin nicht mehr verletzbar.
- Ich brauche die Konkurrenz mit anderen nicht mehr, weil ich mich nicht mehr mit den anderen messe.
- Ich brauche kein Lob mehr und keine Kritik, die ich in Selbstmitleid ummünzen kann, um mich auf diesem Umweg zu bestätigen.

Ich weiß schon, Du wirst nun denken: Jetzt hat mir der Alte wieder eine seiner Lektionen erteilt. Oder Du denkst: Da redet er davon, daß er die Selbstdarstellung nach außen nicht mehr braucht, weil er selbst weiß, wo er steht. Aber ist diese Art von Belehrung seiner Kinder nicht eine milde Form der Aggression? Will man seine Kinder nicht deshalb ständig belehren, um sich von dem Vorwurf freisprechen zu können, man hätte ihnen gegenüber etwas versäumt?

Wenn Du das denkst, dann muß ich Dir sagen:
Weit hergeholt sind Deine Gedanken nicht.
Ja, Belehrung ist eine Form von Aggression.
Alles Gute. Dein Vater

15. *„Lieber Vater,* die da oben wollen uns hilflos haben, damit wir von ihnen abhängig bleiben."

Lieber Vater,
das Leben hat mir wieder einmal eine gute Lehre erteilt. Von guten und von miesen Ärzten. Und von der Hilflosigkeit des Bürgers im Schmerz.
Ich saß im Wartezimmer eines Ambulatoriums mit wahnsinnigen Schmerzen im Rücken. Du weißt ja: Ich bin beim Fallschirmspringen auf einem Volksfestgelände gelandet, auf einem Wohnwagen. Seither habe ich Probleme mit der Wirbelsäule.
In dem Ambulatorium sollte ich für unseren Hausarzt ein paar Röntgenbilder von mir machen lassen. Also ging ich hin und wartete. Noch selten habe ich die Hilflosigkeit des Bürgers in einem Wartezimmer so erlebt. Und die unmenschliche Arroganz dieser Halbgötter im weißen Kittel.
Ein Oberarzt sah sich meine Bilder auf einem Lichtkasten an. Ich hatte mich neben ihn gestellt, schließlich waren das ja die Bilder meiner Wirbelsäule, und ich war da ja auch Kunde.
Aber dem Arzt paßte das nicht, daß ich mir die Bilder anschaute und mich neben ihn gestellt hatte. Ich konnte seinen Unmut darüber fast körperlich spüren. Seine Empörung darüber, daß ein Patient es wagt, sich neben ihn zu stellen.
Aber es kam noch dicker. Ich erdreistete mich dann auch noch, ihn zu fragen, was denn mit mir

nicht in Ordnung sei. Ich wollte einfach alles über meine Schmerzen wissen, verdammt noch einmal. Das ist doch mein Recht als zahlender Kunde (auch wenn es *Dein* Geld ist, mit dem der Arzt bezahlt wird).

Sehr unwillig quatschte er was von einem Wirbel, der nicht gerade stünde.

Dann huschte schon eine diensteifrige Schwester herbei und führte mich zu einem Sessel. Dort solle ich warten, meinte sie. Also in ziemender Entfernung zum Chef, zum Meister, zum Zampano, der nicht einmal sein Maul aufbrachte, um mir eine klare Auskunft zu geben.

Ich hatte Tränen in den Augen vor Zorn, aber meine Schmerzen waren einfach zu stark. Da klammerst Du Dich an die Hoffnung, daß Dir irgend jemand hilft.

Das ist es ja offensichtlich, was diese Halbgötter so selbstherrlich macht. Sie sonnen sich in der Hoffnung des leidenden Patienten auf Hilfe. Das ist ihre Macht, und sie nützen sie genüßlich aus.

Schließlich kam eine Schwester und verpaßte mir eine Halsmanschette und ein paar Zetteln. Auf dem einen standen ein paar abgekürzte Worte, kaum leserlich in Latein. „Diesen Befund", sagte die Schwester im herablassend-anweisenden Ton, der mir so auf die Nerven geht, „geben Sie Ihrem Hausarzt."

Ich baute mich vor dem Arzt auf und fragte ihn scharf: „Würden Sie mir jetzt endlich sagen, was mir fehlt?" Er: „Das steht alles auf dem Befund. Geben Sie ihn Ihrem Arzt."

Leben wir im Mittelalter? Oder wie soll ich das verstehen? Zwei Ärzte und ein paar Schwestern kommunizieren über mich hinweg über meine Verletzung, als gäbe es mich gar nicht. Und wir

Bürger lassen es uns noch dazu gefallen. Wir mucken nicht auf. Wir signalisieren denen vielmehr durch unseren Gehorsam: „Es tut mir leid, daß ich euch belästigen muß. Verzeiht, daß ich für das Geld, das ich Monat für Monat und Jahr für Jahr an die Krankenkasse bezahle, von euch auch etwas verlange."

Ich war so zornig, daß es aus mir herausplatzte: „Hören Sie, ich bin hier, damit Sie mir helfen. Vor allem aber möchte ich von Ihnen eine klare Auskunft über das, was dieses Röntgenbild zeigt, und ob Sie wirklich meinen, daß mir diese Halskrause etwas nützt. Ist das zuviel verlangt?"

Es war plötzlich ganz still im Raum. Offensichtlich war niemand auf einen aufmüpfigen Patienten vorbereitet. Der Arzt selbst war davon so geschockt, daß er mir tatsächlich im Detail erklärte, was mir fehlte.

Aber das änderte nichts an meinem Eindruck, daß ich den Leuten da scheißegal war. Ich war ein Fall. Eine Nummer. Ein Krankenschein, mit dem Geld ins Haus kommt.

Für die ist der Patient als Individuum nur eine unangenehme Belastung, die er auf sich nehmen muß, um zu seinem Geld zu kommen.

Ich habe vorher noch nie die totale Mißachtung des einzelnen so empfunden wie in diesem Ambulatorium. Es mag schon sein, daß ich in meinem jugendlichen Eifer die Dinge zu einseitig sehe. Aber ich will sie einseitig sehen. Ich will gar kein Verständnis für den Arzt haben. Ärzte sind dazu da, uns, *mich,* zu verstehen. Nicht umgekehrt.

Ich ging dann mit meinem Befund zum Hausarzt, und der schickte mich weiter zu einer Chiropraktikerin. Du weißt ja, das sind die Leute, die Wirbelsäulen einrichten. Da erlebte ich dann genau das

Gegenteil. Die Frau, sie war auch Ärztin, redete mit mir. Sie faßte mich auch an. Ich hatte das Gefühl, daß ich sie interessiere und daß es ihr einfach Freude macht, mir zu helfen.
Das hat sie dann auch getan. Ein paar Griffe, ein Knacken und Krachen in der Wirbelsäule, und ich war wieder okay. Die Schmerzen waren weg. Ich hätte ihr um den Hals fallen können.
Weißt Du, was mich an diesem Zwischenfall beim Röntgenisieren lange Zeit so aufregte? Es ist meine Überzeugung, daß das ein Kennzeichen unserer Zeit und des Wohlstandsystems ist.
Die Großen da oben und die Dummen da unten, und die Großen tun alles, damit der da unten nicht gescheiter wird. Er soll hilflos bleiben. Er soll gar nicht erfahren, was ihm fehlt, sondern gläubig aufblicken und ehrfurchtsvoll murmeln: „Die da oben werden mir schon helfen, und wenn sie es nicht tun, haben sie trotzdem ihr Bestes für mich getan. Dann war es mir eben vom Schicksal vorbestimmt."
Die da oben wollen uns gar nicht helfen. Sie wollen uns hilflos und unglücklich haben, damit sie uns ihre Hilfe anbiedern können und wir von ihnen abhängig werden.
In der Politik ist der Bürger selbst schuld, wenn er sich für blöd verkaufen läßt. Er kann sich informieren. Er kann sich auflehnen, wenn er sich dazu entschließt.
Aber der Kranke, den der Schmerz hilflos macht, in seiner Hilflosigkeit, die ihm schon von Kindheit an von der Obrigkeit anerzogen wird, der kann sich nicht einmal zur Wehr setzen.
Deshalb ist dieser Typ von Arzt viel gefährlicher als der Politiker.
Gruß, Dein Sohn

16. „Lieber Sohn, wenn Du dich von Lob und Tadel anderer abhängig machst, wirst Du ständig in der Angst vor ihnen leben."

Lieber Sohn,
Du schreibst, Du hättest manchmal Angst vor Deiner Zukunft. Da kann ich Dich trösten: Ich hatte den größten Teil meines Lebens Angst um meine Zukunft.
Erst jetzt mache ich mich – und das nur allmählich – davon frei.
Angst vor unserer Zukunft. Hast Du schon einmal überlegt, wie sie zustande kommt? Letztlich ist sie nichts anderes als die Unfähigkeit, uns vorstellen zu können, daß wir die Kluft zwischen dem, was wir uns zutrauen, und dem, was man offensichtlich von uns erwartet, nicht überspringen können.
Wenn wir uns auf das reduzieren könnten, was wir tatsächlich sind und wozu wir fähig sind, dann wäre das Leben einfach. Wir würden das tun, was unseren persönlichen Möglichkeiten entspricht. Es würde uns Freude machen. Es gäbe keinen Leistungsdruck. Wir würden uns mit niemandem anderen vergleichen oder vergleichen lassen.
Es wäre das Ideal.
Wenn Du ein Spätaufsteher wärst, würdest Du später zur Arbeit gehen. Du würdest nur das kaufen, was Du wirklich brauchst. Du würdest essen, wenn Du wirklich Hunger hast. Lieben, wenn Du lieben möchtest. Du würdest Dich Deiner Schwä-

chen und Fehler nicht schämen, weil Du eben so bist, wie Du bist.

Was aber geschieht tatsächlich mit uns?

Rund um uns haben sie eine völlig unreale Welt aufgebaut, nach der wir uns zu orientieren haben. Sie sagen uns, wie wir sein sollen, damit wir die allgemeinen Maßstäbe erfüllen, um anerkannt zu sein:

- Männer müssen männlich sein. Mutig und nicht feige. Eifrig und nicht faul.
- Männer müssen dafür sorgen, daß die Kinder in der Schule genauso gekleidet sein können wie die Kinder anderer Väter, die genausoviel oder mehr Geld verdienen.
- Die Frauen müssen durch ihre Männer bei den Freundinnen und Verwandten etwas darstellen, sonst gehen sie den Männern ständig auf die Nerven mit ihren Vergleichen: „Dein Kollege X ist nur halb so gut wie Du, aber er verdient viel mehr. Warum verkaufst Du Dich so billig?"

Und so weiter und so weiter.

Unserem einfachen Ich, das so ist, wie wir eben sind, steht eine utopische Vorstellung von Werten gegenüber. Denn eines ist ganz klar: Wir können die Maßstäbe, die uns die Gesellschaft vorgibt, niemals erfüllen. Wir können vielleicht Teile davon erfüllen, aber nicht alles. Also müssen wir diese Teile so geschickt ins Bild der Mitwelt rücken, daß man meint, wir seien besser, als wir tatsächlich sind.

Auf diese Weise wird unser Leben zur Heuchelei. Wir tun immer mehr, was uns gar nicht entspricht, um der Mitwelt vorzutäuschen, was sie von uns erwartet.

Wir leben über unsere Verhältnisse.

Wir kaufen, was wir uns nicht leisten können.

Wir muten uns Dinge zu, denen wir nicht gerecht werden können.
Ständig müssen wir uns selbst und andere täuschen, damit niemand merkt, daß wir nicht so gut sind, wie wir es vortäuschen.
Du stehst am Anfang dieses seltsamen Spiels und bist verunsichert. Du hast dieses Leben zwischen Dir und der Mitwelt-Erwartung noch nicht durchschaut. Aber Du bist schon zu weit von Dir selbst entfernt, um noch unbekümmert sagen zu können: Ich bin, wie ich bin, und lebe meinem Ich entsprechend.
Heute, nach über fünfzig Jahren, weiß ich, daß es viel leichter ist, im Selbstbekenntnis zu leben als in dem oben beschriebenen Heuchelei-Karussell, aus dem es nur schwer ein Entrinnen gibt.
Die meiner Meinung nach einzige Möglichkeit, ihm zu entrinnen, ist das Selbstbekenntnis. Es beginnt damit, daß Du ergründest, wer und was Du tatsächlich bist.
Wer bin ich? Was kann ich? Was liegt mir und was liegt mir nicht? Was sind meine wirklichen Neigungen? Wie möchte ich leben, wie stelle ich mir mein Leben vor? Was würde mich wirklich glücklich machen?
Alles das klingt selbstverständlich, oder?
Aber wie leben wir denn in Wahrheit? Was sind denn die wirklichen Fragen, die uns zur Orientierung unseres Lebens dienen?
Sie lauten:

- Was muß ich tun, um meinem Lehrer, meinem Vater, meiner Mutter zu gefallen?
- Was muß ich darstellen, damit die Mädchen mich mögen?
- Welches Auto fährt man, wenn man der Mitwelt imponieren will?

● Was erwarten meine Frau und ihre Verwandten, und was erwarten meine Kinder von mir. Wie muß ich mich als guter Vater verhalten?
Wir suchen nach Antworten auf diese Fragen und sehen uns bei der Mitwelt um. Wie sind die anderen, denen ich es nachmachen kann?
Wir schauen nach außen, statt in uns hineinzuschauen. Wir fragen danach, wie wir es den anderen nachmachen könnten, statt unser einmaliges Ich zu erkennen.
Das ist ja der faszinierende Aspekt: Würden wir uns selbst erkennen und zu uns selbst bekennen, wären wir einmalig. Wenn wir uns immer nur den anderen anpassen, sind wir nur Nachahmer, Durchschnitt, Untertaucher, Selbstverleugner.
Dann hast Du zu Recht Angst vor der Zukunft. Denn überall, wo Du nach den Leuten Umschau hältst, denen Du es nachmachen könntest, gibt es welche, die in irgend etwas so gut sind, daß Du sie vielleicht nie einholen kannst.
Also fragst Du Dich: Was soll ich denn tun, damit ich anerkannt werde, wenn es überall Leute gibt, die das, was ich tun möchte, schon so gut können, daß mir keine Chance bleibt?
Ergibt sich die Antwort darauf nicht ganz von selbst?
Für mich lautet sie: Ich mache meine eigenen Ich-Vorstellungen zu meinem Maßstab. Ich sage mir:

● Das sind meine Schwächen und das sind meine Stärken.

● Hier ist der Punkt, an dem ich gerade jetzt in meiner Entwicklung stehe, und dort ist das Endziel, das ich mit meinen Wünschen, Möglichkeiten und Fähigkeiten erreichen kann und will.

● Hier bin ich also, so, wie ich bin, und ich bekenne mich zu mir so, wie ich bin.

● Ich habe den Rest meines Lebens Zeit, nicht locker zu lassen, mein Ich meinem eigenen Vorstellungs-Ich anzugleichen.
Nicht die Umwelt mit ihren Maßstäben bestimmt mein Leben, sondern ich selbst mit den Maßstäben, die mir und meiner Persönlichkeit gerecht werden.
Verstehst Du, was ich meine?
Wenn Du selbst Deine Maßstäbe entwickelst, bist Du der einzige, vor dem Du Dich zu rechtfertigen hast. Wenn Du hingegen nach den Maßstäben der anderen lebst, akzeptierst Du die anderen als Deine Beurteiler.
Du richtest Dein Leben nach ihrem Lob und ihrer Kritik ein. Ständig wirst Du von der Angst beirrt, Du könntest den anderen und ihren Maßstäben nicht gerecht werden.
Wenn sie Dich loben, bist Du glücklich. Wenn sie Deine Handlungen mißbilligen, hast Du Schuldgefühle, Minderwertigkeitsgefühle, verleugnest Du Dich selbst. Dann suchst Du nach Ausreden und Argumenten, um Fehler zu verbergen. Vor Dir selbst und vor den anderen.
Wenn Du Dich also von Lob und Tadel der anderen abhängig machst, wirst Du ständig in der Angst vor den anderen leben.
Im weitesten Sinne ist das auch die Angst vor Deiner Zukunft. Weil Du Dich fragst: Werde ich meine Zukunft so schaffen, wie es die anderen von mir erwarten?
Das ist natürlich nur einer von mehreren Aspekten, die mir einfallen, wenn Du von Deiner Zukunftsangst schreibst.
Eine andere Variante ist das dreidimensionale Denken.
Wir denken nicht im Jetzt und Hier. Wir denken:

1. Ach, wäre es doch heute auch so schön wie *gestern.*
2. Hoffentlich mache ich das, was ich *jetzt* mache, gut genug.
3. Damit man mich *morgen* dafür lobt.

Das „Leben im Jetzt“ ist eines der Dinge, um die ich mich schon ein Leben lang bemühe. Ich habe mir da den Grundsatz zurechtgelegt: „Ich versuche, jeden Tag so zu leben, als wäre es mein letzter.“ Aber der verlangt wieder nach einer Voraussetzung, nämlich nach der Klärung meiner Einstellung zum Sterben. Ich kann meiner Vorstellung nicht gerecht werden, wenn ich davor Angst habe, daß ich morgen vielleicht sterben könnte.

Das wieder verlangt nach einer eindeutigen Entscheidung zum Verzicht. Wenn ich nicht bereit bin, auf alles, was ich habe, auch wieder zu verzichten, werde ich mich logischerweise auch davor fürchten, daß morgen mein Leben zu Ende sein kann – obwohl ich noch so viel vor mir hätte, worauf ich keinesfalls verzichten will.

Wie Du siehst, geht eines ins andere, wenn es um unsere Ängste geht. Die Frage nach dem Ich und der persönlichen Ich-Vorstellung geht über in die manipulative Beziehung zwischen uns und unserer Mitwelt. Die Frage nach Leben und Sterben hängt zusammen mit der Entscheidung des Verzichts und des bewußten Lebens im Heute.

Na ja, wer ganz im Heute lebt, der hat ja auch keine Zeit, sich Angst um das Morgen zu machen.

Wenn man alle diese Zusammenhänge schon analysiert und verstanden, wenn man schon alle notwendigen Entscheidungen gefällt und seinen Weg für den Rest seines Lebens vorgezeichnet hat, so heißt das noch lange nicht, daß man auch tatsächlich auf diesem Weg dahinmarschiert.

Es heißt nicht mehr und nicht weniger, als daß ich geduldig versuche, die Markierung nicht zu verlieren. Die gelingt mir an manchen Tagen mehr und an anderen weniger.
Das weiß aus eigener Erfahrung –
Dein Vater

17. „Lieber Vater, wie viele Menschen sind nicht schon im Namen der Liebe umgebracht worden?“

Lieber Vater,
während meiner Ausbildung zum Reserveoffizier in einer Einheit, die im Kriegsfall hinter den feindlichen Linien kämpfen soll, dachte ich manchmal über den Wert eines Menschenlebens nach.
Die Pazifisten und Wehrdienstverweigerer unter meinen Kollegen rümpften die Nase, wenn ich sagte, daß ich mich freiwillig als Reserveoffizier gemeldet hätte. Aber für mich ist das, wie Du weißt, eine prinzipielle Frage.
Ich glaube nicht, daß diese Welt irgendwann einmal eine Welt des Friedens werden könnte. Der Mensch ist ein kämpferisches Tier. Und er wird es bleiben, wenngleich die Methoden des Kämpfens und Tötens sich ändern.
Es schaut für mich auch nicht danach aus, als würden jemals die Kräfte der Liebe stärker werden als die Wirkung einer Faust oder einer Pistolenkugel oder der erpresserischen Gewalt staatlicher Exekutionsorgane.
Wenn ein Richter will, wenn die Behörde es will, dann sitzt Du im Gefängnis. Hilflos. Keiner nimmt auf Dich und Deine Individualität Rücksicht. Das Gesetz ist wichtiger als Du, der einzelne. Systeme sind wichtiger, Parteien sind wichtiger, die Staatsräson und was weiß ich noch alles. Dafür werden

Menschen, Menschlichkeit und Menschenwürde jederzeit und ohne jeden Gewissensbiß gemeuchelt.
Wir haben das Recht, uns zur Wehr zu setzen.
Zu allererst gegen die Tendenz der beherrschenden Obrigkeiten, die vorgeben, uns zu beschützen und uns immer mehr die Fähigkeit nehmen, uns selbst zur Wehr zu setzen.
Ich will mich nicht darauf verlassen, daß mich der Staat, ein Richter, das Gesetz oder ein Polizeibeamter beschützt. Denn sie alle haben alle zu allererst nur eines im Sinn: sich selbst und ihren Posten zu beschützen.
Wenn ich mit meiner Freundin nachts auf der Straße gehe, und ein Rowdy pöbelt sie an, dann verlangt das Gesetz, daß ich zuerst einmal davonlaufe und einen Polizisten hole. Wenn der Rowdy in mein Gesicht schlägt, soll ich ihn anzeigen. Wenn einer mit einem Messer auf mich losgeht, mir den Bauch aufschlitzen will, dann soll ich nicht an Selbstverteidigung denken, sondern zuerst daran, wie ich mich vor meinem potentiellen Mörder schützen kann. Ich soll nur daran denken, wie ich möglichst rasch die Flucht ergreife.
Kürzlich hat ein Autobesitzer dem Einbrecher, den er an seinem Wagen in flagranti erwischte, den Arm gebrochen. Weißt Du, was passierte? Der Autobesitzer wurde wegen Körperverletzung verurteilt und muß jetzt dem Einbrecher Schmerzensgeld bezahlen.
Ich denke, dieses System des Rechts und der Gerechtigkeit, in dem wir leben, hat sich schon längst selbst überholt. Es ist ein System geworden, das sich vorwiegend selbst erhält und seine ursprüngliche Funktion vergessen hat.
Was kann ich daraus schließen? Zweierlei.

Erstens: Ich mache mir meine eigenen Gesetze des Lebens.
Zweitens: Ich verschaffe mir mein eigenes Recht. Dazu gehört das Recht zur Selbsterhaltung und Selbstverteidigung.
Das gibt mir eine klare Entscheidungsgrundlage.
Etwa: Wer mich angreift oder mich bestehlen, berauben, mich oder meine Familie schädigen will, muß damit rechnen, daß er selbst zu schaden kommt.
Wer heimlich oder gewaltsam in mein Haus einsteigt, muß damit rechnen, daß er getötet wird.
Das klingt verdammt nach Wildwest. Aber ist es nicht logisch? Ist es nicht die klarste Schlußfolgerung?
In New York hat ein Mann in der Untergrundbahn drei Jungen niedergeschossen, die ihn offensichtlich ausrauben wollten. Der Schütze wird von der Bevölkerung zum Helden hochgejubelt. Warum? Weil sich die hilflos gemachte Masse der Bürger von einem Menschen repräsentiert sieht, der das getan hat, was sie selbst gerne tun würden. Nämlich sich gegen Überfälle entschieden zur Wehr zu setzen.
Da redet man so viel von Menschenwürde. Aber gibt es für einen Mann etwas Entwürdigenderes, als von drei jugendlichen Gangstern mit vorgehaltener Pistole auf der Staße ausgeraubt, geschlagen und verhöhnt zu werden? Wann darf ich töten?
Beim Militär werde ich ganz legal dazu ausgebildet, möglichst viele Gegner auszuschalten. Nicht einfach zu töten. Nein, wenn es ums legale Töten geht, darf es noch viel raffinierter sein. Ich soll einen Gegner nur schwer verwunden. Nicht allzuschwer, sondern eher so, daß er möglichst lange pflegebedürftig bleibt.

Ein toter Feind könnte schnell begraben werden, aber ein verwundeter Feind kostet Aufwand an Personal, Platz, Geld, Transport und anderes mehr.
So denken die Leute, deren Aufgabe es ist, uns das Töten zum Schutze des Vaterlandes zu lehren. Ob mein Vaterland tatsächlich bedroht ist oder nicht, spielt keine Rolle. Die Entscheidung zum Kriegführen und Töten muß nur von den richtigen Leuten in den richtigen Gremien gefällt und dem Volk richtig verkauft werden.
Natürlich hat auch ein einzelner die Chance, straffrei zu töten. Wenn er genug Geld und den richtigen Rechtsanwalt hat, dann sind seine Chancen günstiger, als wenn er keinen guten Anwalt hat.
Wie Du ja auch jede Frau vergewaltigen kannst, wenn nur der Rechtsanwalt nachher nachweisen kann, daß die Frau sich nicht zur Wehr setzte. Und so weiter, und so weiter.
Im Interesse der Allgemeinheit. Zum Wohle des Staates. Für's Vaterland. Alles gilt als legale Begründung für das Töten. „Für meine Menschenwürde, für mein eigenes Leben", gilt es nicht als Begründung.
Ich denke in diesem Zusammenhang darüber nach, wie es denn mit dem „Gewissen" steht. Was ist das, das Gewissen? Ich kann nichts damit anfangen. Mein Gewissen soll mir sagen, was gut und was falsch ist. Aber wie bringe ich das mit der Realität in Einklang? Mein Gewissen sagt mir, ich dürfe nicht töten. Aber wenn mir der Staat sagt, ich solle töten, dann gilt mein Gewissen plötzlich nicht mehr. Wenn mir einer eins über den Schädel hauen will, und ich kann nur instinktiv reagieren, um mich zu retten, dann habe ich wenig Zeit, erst mein Gewissen zu befragen. Was soll ich da tun?

Ich glaube, es nimmt uns niemand die Entscheidung ab, und wir sollen sie uns auch von niemandem abnehmen lassen. Denn es geht ja um mehr als nur um Gewissen und Selbstverteidigung und um das Töten. Es geht darum, daß wir selbstverantwortlich leben.

Selbstverantwortlich leben heißt:

- Wir machen uns selbst die uns als Individuum entsprechenden Regeln.
- Wir identifizieren uns damit und handeln danach.
- Wir schaffen kompromißlos die Voraussetzungen, nach diesen Regeln zu leben.

Du hast mir ja selbst die Geschichte von dem Tankwart an der Autobahn erzählt, der nachts allein mit einer Pistole in der Tasche in seinem Häuschen saß. Zwei Gangster kamen, hielten ihm ein Messer an die Gurgel und verlangten Geld. Als der Tankwart umständlich nach der Pistole suchte, nahmen die Gangster sie ihm weg und erschossen ihn damit.

Wenn er nicht bereit und darin geübt war, eine Waffe kompromißlos einzusetzen, hätte der Mann die Pistole lieber wegwerfen sollen.

Aber es ist symptomatisch: „Wir wehren uns ein bißchen. Wir sind nur ein bißchen bereit, unseren Besitz zu schützen. So, wie wir ja auch nur der Form halber etwas für unsere Gesundheit tun. Der Mensch ist zum Alibi-Individuum geworden. Er schimpft auf die Korruption, damit er für seine eigene tägliche kleine Korruption keine so großen Schuldgefühle zu haben braucht.

Aber es gibt kein „Ein-Bißchen-Töten".

Es gibt ja auch kein „Ein-Bißchen-Glück".

Tatsächlich gibt es auch kein „Ein-Bißchen-Leben".

Entweder wir leben unser einmaliges, faszinierendes, gefährliches Leben mit allen Konsequenzen, die erforderlich sind. Oder wir sind lebendige Tote im ständigen Kompromiß mit der Realtität des Lebens einerseits und den Utopien über das Leben anderseits.
Konsequenz ist: Wer mich töten will, den muß ich schneller töten. Wenn ich das will, dann darf ich mich im Augenblick der Konfrontation nicht erst nach Recht und Unrecht fragen müssen.
Deshalb kann ich auch dem Gedanken an das Töten nicht aus dem Wege gehen. Auch nicht der Realität, daß wir alle Raubtiere sind, die auf unendlich viele Arten töten.
Wie viele Menschen sind schließlich nicht schon im Namen der Liebe umgebracht worden?
Dein Sohn

18. „Lieber Sohn, jeden Augenblick bewußt zu erleben ist vermutlich das große Geheimnis jeder Lebensstrategie."

Lieber Sohn,
es freut mich zu hören, daß Du wieder einmal richtig verliebt bist. Irgendwie habe ich immer den Eindruck, als erzähltest Du mir von etwas Endgültigem, wenn Du über ein Mädchen redest, mit dem Du beisammen bist.
Vor vielen, vielen Jahren sagte mir einmal eine Frau: „Was mir an Dir so gefällt, ist, daß Du mir das Gefühl gibst, als wäre ich die einzige Frau in Deinem Leben."
Sie war es nicht.
Natürlich hat mir dieses Kompliment geschmeichelt. Inzwischen habe ich es viel besser in seiner Bedeutung verstanden. Ich selbst würde das heute „Leben im Jetzt" nennen. Die Fähigkeit, den Augenblick so zu erleben, wie er nur in diesem Augenblick erlebt werden kann.
Ich glaube ja, wie Du weißt, an das Leben in den drei Ebenen

- Große Lebensvorstellung
- Tag
- Augenblick

Die große Lebensvorstellung ist das Bild, das wir von uns haben. Was wir sein und in unserem Leben erreichen möchten.
Der Tag ist die Projektion dieser großen Vorstel-

lung in eine praktische, überschaubare Zeiteinheit. Ich möchte an jedem Tag mein Leben erleben. An jedem Tag glücklich sein.
Ich sage immer: „Ich möchte an jedem Tag meines Lebens so leben, daß ich mit dem Gefühl einschlafe: Wenn das mein letzter Tag war, kann ich zufrieden sein."
Die kleinste Einheit der Zeit in meinem Leben ist der Augenblick. Jeden Augenblick bewußt zu leben, ist vermutlich das große Geheimnis jeder Lebensstrategie.
Entscheidungen fallen nicht in großen Zeiträumen. Sie fallen in Augenblicken. In den Augenblicken, in denen wir „Ja" oder „Nein" sagen. Aber in diesen Augenblicken sind wir in unseren Gedanken ganz wo anders. Bei der Angst vor möglichen Folgen oder bei der rückschauenden Frage: „Wie haben das denn andere vor mir gemacht?" Dadurch hat der Augenblick, auf den es ankommt, nicht alle Energie, die Du auf ihn konzentrieren solltest, um die beste Dir mögliche Entscheidung zu fällen.
Ich meine: Alles hat seine Zeit, alles braucht seine Zeit.
Eine Erkenntnis, mit der niemand etwas anfangen kann, der nicht seine Urteilsfähigkeit dafür sensibilisiert, wann für eine Sache die richtige Zeit ist und wieviel Zeit diese Sache braucht.
Wer sich diese Sensibilität angeeignet hat – manche haben einfach einen angeborenen Instinkt dafür, immer zur richtigen Zeit das Richtige zu tun –, muß deshalb noch nicht unbedingt das Richtige tun.
Eine weitere Voraussetzung dafür ist: Geduld. „Wer die Geduld hat, warten zu können, bis die Zeit für eine Aktion reif ist", sagte einmal der britische Staatsmann Winston Churchill, „kann die

Entscheidung mit wenig Aufwand an Energie herbeiführen. Wenn er selbst, die Zeit und die anderen Betroffenen nicht reif sind, dann kann er mit einem Vielfachen an Zeit und Energie nur einen Bruchteil des Erfolges erzielen, der möglich gewesen wäre."

Männer werben um Frauen, aber sie bekommen sie nicht. Jahre später passiert alles ganz von selbst. Wenn Adolf Hitler die Deutschen zehn Jahre früher oder zehn Jahre später aufgerufen hätte, ihr Leben für ihn, das Volk und das Vaterland zu opfern, hätten sie ihn vermutlich nicht einmal angehört.

Unser Fehler in dieser schnellebigen Zeit ist sicherlich, daß wir meinen, wir allein könnten den Zeitpunkt bestimmen, zu dem etwas optimal getan werden kann. Wahrscheinlich können wir es auch. Aber nur so, daß wir vorhandene Tendenzen verstärken. Ich glaube nicht, daß Journalisten die Menschen manipulieren können, wenn sie ungeachtet der Tendenzen in den Massen Veränderungen herbeiführen wollen.

Die Zeit muß reif sein. Die Menschen müssen für ein Bedürfnis stark nach einer Lösung suchen. In diesem Stadium der Bereitschaft kann ein Manipulant mit den Massen alles machen.

Wir vergeuden so viele Kräfte und jammern Mißerfolgen nach, weil wir Dinge erzwingen wollen, deren Zeit ganz einfach noch nicht gekommen ist.

Du hast mir einmal erzählt, wie wild Du in der Anfangsphase Deines bewußten Sexuallebens hinter den Mädchen her warst. Manchmal verzweifelt, weil Du nicht ans Ziel kamst.

Inzwischen hast Du erkannt, wie selbstverständlich sich Partnerbeziehungen ergeben, wenn „alles stimmt", wie Du gesagt hast.

Vermutlich ist das ja der ursprüngliche Begriff

„Liebe“: Etwas, das im Augenblick für diesen Augenblick total passiert, weil alles zusammenpaßt. Aber diese pure Form, die Liebe im richtigen Augenblick richtig zu erleben, ist bei den meisten Menschen schon längst verkümmert.

Sie möchten den Augenblick festhalten, ohne zu erkennen, daß der nächste und übernächste Augenblick schon wieder neue faszinierende Möglichkeiten eröffnet.

Sie überlagern den Augenblick mit Ängsten und Schuldgefühlen.

Wie sollte ein streng gläubiger Katholik das sexuelle Beisammensein mit seinem Partner genießen können, wenn er immer daran denken muß, ob die Frau ein Kind bekommt. Weil ja der Papst die Empfängnisverhütung verboten hat.

Wir alle verwechseln längst diese „Sache Liebe“ mit etwas anderem, mit der „Institution Partnerschaft“. Beides wird vermischt und gegeneinander ausgespielt. Das eine dient dem anderen als Entschuldigung. Oder als Erpressung.

Die Liebe ist die Sache für den Augenblick.

Die Partnerschaft ist für Dauer. Sie kann allerdings nur funktionieren, wenn die Voraussetzungen dafür geschaffen wurden. Die erste Voraussetzung ist, daß man es sich bewußt macht.

Viele sagen: „Ich liebe Dich“ und wollen nur mit dem anderen ins Bett.

Viele sagen: „Ich will nur mit jemandem ins Bett gehen, den ich wirklich liebe.“ Oder: „Ich heirate erst, wenn ich meiner großen Liebe begegne.“

Soweit ich das an vielen Beispielen überschauen kann, sind die unglücklichsten Ehen solche, die aus dieser großen Liebe geschlossen wurden und in der die Beteiligten meinen, sie müßten nun überhaupt nichts mehr dazu beitragen, daß sie ewig anhält.

Wenn etwas nicht ewig anhalten kann, dann ist es die Liebe. Weil sie eben die Sache des Augenblicks ist und nicht die Sache der Dauerhaftigkeit.
Was wäre dann also die optimale Konstruktion?
Die optimale Konstruktion geht aus von der Trennung der beiden Dinge „Liebe“ und „Partnerschaft“.
Liebe allein kann durchaus existieren, aber ohne den Anspruch auf Dauerhaftigkeit.
Partnerschaft kann auch allein existieren, setzt Liebe nicht unbedingt voraus, kann sie aber beinhalten.
Eine Partnerschaft braucht keine Konstruktion, also einen Vertrag, als Maßstab und als Regelung des Zusammenlebens.
Dieses Zusammenleben hat nur Sinn, wenn ihm die Vorstellung der gegenseitigen Ergänzung zugrunde liegt. Wenn der andere einem nicht irgend etwas geben kann, das man selbst nicht hat, verliert Partnerschaft in hohem Maße ihren Sinn.
Du kennst ja die Definition des bekannten Wiener Komikers Karl Farkas: „Eine Ehe hat den Zweck, daß zwei Partner miteinander die Probleme lösen, die sie nicht hätten, wenn sie allein geblieben wären.“
Die Grundlage der Partnerschaft, in der die Liebe gedeihen kann, ist also die nüchterne Analyse des Nutzeffektes und der gemeinsamen Vorstellung, daraus für beide den größten Nutzen zu ziehen.
Im Zusammenhang mit dem Begriff Ehe sind solche Überlegungen für die meisten Leute heute noch immer eine Art Sakrileg. Beim Heiraten redet man von der Liebe, aber doch nicht davon, welchen Nutzen der eine vom anderen ziehen kann. Und natürlich auch nicht davon, wie man diese Partnerschaft wieder einvernehmlich auflöst, wenn

sie sich überholt hat. Deshalb enden unendlich viele Ehen, die mit der großen Liebe begannen, in tödlichem Haß.
Was hat, so frage ich mich auch, das Miteinanderschlafen zweier Partner mit Partnerschaft und mit Liebe zu tun?
Wenn zwei miteinander ins Bett gehen wollen, entspricht es einem augenblicklichen Bedürfnis, das vielleicht nicht mehr existiert, wenn es vorbei ist. Es entwickelt sich neu und wird wieder ein Bedürfnis, das nach Befriedigung verlangt. Wozu ist dabei Liebe erforderlich?
Als die Frau noch keinen Spaß daran hatte oder haben durfte, hat sie vermutlich über den Weg des romantischen Liebes-Begriffes den Mann veranlaßt, für das zu bezahlen, was sie ihm da gegeben hat, ohne selbst viel davon zu haben.
Also hieß die Manipulationsformel der Frauen von damals: „Wenn Du mit mir schlafen willst, muß ich Dich auch lieben. Damit ich Dich lieben kann, mußt Du mich heiraten. Wenn Du mit mir schläfst, ohne daß wir verheiratet sind, leidet mein guter Ruf. Also ist das Heiraten der Preis für das Schlafendürfen.“ Zusätzlich war das Heiraten auch die Absicherung davor, ein ungewolltes Kind zu bekommen. Früher war ja jedes uneheliche Kind ungewollt.
Liebe, Partnerschaft, Ehe. Ich glaube, daß in dieser angeblich so wissenden, informierten Zeit in kaum einem Bereich des Zusammenlebens mehr Verwirrung herrscht als in der Beziehung dieser drei Begriffe zueinander.
Sich darüber nüchtern klar zu werden, welche Funktion jeder davon für uns haben kann, erscheint mir eine sehr wichtige Sache.
Herzlich. Dein Vater

19. „Lieber Vater, ich habe ein Beispiel an mir selbst erlebt, wie der Geist die Fähigkeiten des Körpers steigert."

Lieber Vater,
ich habe ein Beispiel an mir selbst erlebt, wie der Geist die Fähigkeiten des Körpers steigert. Oder, um es noch passender zu sagen: Wie der Geist den Geist überwindet.
Während meines Sport-Studiums trainierten wir das Hochspringen. Ich hatte das noch nie gemacht, also fehlte mir natürlich die Routine. Wir sollten am Ende der vorgegebenen Trainingseinheit eine bestimmte Höhe überspringen. Ich allerdings warf die Latte siebenmal bei einer Höhe ab, die zehn Zentimeter unterhalb des vorgegebenen Limits lag. Irgendwie spürte ich, daß ich durchaus die körperlichen Voraussetzungen dafür besaß, das Problem zu lösen. Aber etwas stand dieser Lösung im Wege. Was war es? Es mußte was in meiner Einstellung sein. Das wurde mir bald klar.
Ich versuchte es also bei den nächsten drei Sprüngen damit, überhaupt nicht auf den Vorgang des Springens zu achten. Einfach loszulaufen und zu springen. Den Körper sozusagen sich selbst koordinieren zu lassen. Ohne zu denken: „Jetzt mußt Du dies tun, dann mußt Du jenes beachten". Ich versuchte, einfach „es" springen zu lassen.
Die Latte fiel trotzdem noch dreimal.
Da ging ich einfach weg. Mir war klar, daß es offen-

sichtlich nicht genügte, mich einstellungsmäßig passiv zu verhalten. Also „es“ von selbst geschehen zu lassen. Vielleicht war in meinem Unterbewußtsein das Fehlverhalten noch so stark verankert, daß es hinderlich war. Vermutlich, so überlegte ich, sollte ich meine Einstellung aktiv beeinflussen. Also in meinem Unterbewußtsein eine positive Alternative zur Versagens-Einstellung aufbauen.
Mir ist ja schon längst klar, daß die Lösung unserer Probleme keineswegs allein eine Frage des sogenannten Willens ist. Wille, also die bewußt eingesetzte Kraft von Geist, Körper und Persönlichkeit, ist im Grunde genommen eng begrenzt.
Man mag damit Kraftleistungen vollbringen. Aber nur kurzfristig. Man kann damit hemmende Kräfte unterdrücken. Aber es ist, als würdest Du mit einem Medikament irgendwelche Schmerzen betäuben, ohne deren Ursachen zu beseitigen.
Wenn der willentliche Kraftakt vorbei ist, kommen die hemmenden Kräfte wieder ans Tageslicht. Zweifellos sind sie im Unterbewußtsein verankert. Dort kann ich sie auch ersetzen.
Wie wir in das Unterbewußte vordringen können, ist mir spätestens im autogenen Training bewußt geworden. Autogenes Training ist das gezielte Verankern von positiver Einstellung durch formelhafte Vorsätze, die wir ohne Leistungserwartung suggerieren.
Ich selbst neige ja eher in meiner täglichen Lebenspraxis zum mentalen Training. Ich sage mir keine Formeln vor, sondern stelle mir filmartig in meinen Gedanken Abläufe vor. Genau das habe ich während des mißglückten Hochsprung-Trainings getan.
Zwanzig Minuten lang ging ich spazieren. Dabei stellte ich mir in meinen Gedanken lebhaft vor,

wie ich über die Latte schwebte. Ich sagte mir nicht: „Du mußt es schaffen", oder „Das kannst Du doch" oder irgendeinen anderen zwanghaften Befehl. Ich stellte es völlig außer Zweifel, daß ich die vorgegebene Höhe überspringen konnte. Ich stellte mir vor, wie ich ganz selbstverständlich darüberschwebte. Anlaufen, wie eine flockige Feder eines Wellensittichs hochgehen und dann über die Latte schweben.

Eine lautlose Explosion, als würde jemand die Feder in der Hand halten und sie anpusten. Sie macht in der plötzlichen Windböe einen weichen, aber kraftvollen Hüpfer und überwindet schwerelos die Hürde.

Zwanzig Minuten lang dachte ich überhaupt nicht ans Springen, versuchte auch nicht, das Problem zu analysieren. Ich dachte eigentlich überhaupt nicht. Ich gab mich einer Vorstellung hin, bis sie ganz von mir Besitz ergriff.

Das klingt kindlich. Ist es vermutlich auch. Aber es liegt, wie ich jetzt weiß, erstaunliche Kraft in dieser Fähigkeit des von allen Zweifeln und Fragen und Erwartungen freien Vorstellens.

Als ich wieder zur Hochsprunganlage zurückkam, hatte der Trainer die Latte schon um zehn Zentimeter höher gelegt als vorher. Ich mußte jetzt also nicht mehr nur die Höhe überwinden, die ich nicht geschafft hatte, sondern auch noch zehn Zentimeter dazu. Aber es war kein Problem. Ich schwebte darüber. Der Trainer meinte sogar, es hätte zwischen mir und dem Holz noch eine Handbreite Platz gegeben.

Die Kraft der Vorstellung. Ich wundere mich, daß so wenige Menschen sich ihrer bewußt sind. Sicherlich machen sie davon Gebrauch. Aber nur, weil es sich von Zeit zu Zeit ganz einfach aus einer

Situation ergibt. Aber mich fasziniert der Gedanke, diese Kraft nicht nur bewußt und gezielt einzusetzen, sondern sie darüber hinaus auch noch regelmäßig durch Training zu stärken.
Ich habe es später auch beim Fallschirmspringen ausprobiert. Bei den ersten Sprüngen war verständlicherweise mein Verhalten von der Angst bestimmt. Kaum war ich von der Maschine weg, löste ich den Fallschirm. Die Angst diktierte das Verhalten. Der Überlebensinstinkt war stärker als alle Vorsätze.
Ich ging also daran, in meinen Gedanken immer wieder einen Film abrollen zu lassen. Einige Male am Tag, wochenlang, verankerte ich die Vorstellung in mir, wie ich den Fallschirm sicher packte, wie ich ganz cool in das Flugzeug stieg, dann der Flug, der Absprung, der freie Fall, sicher und stabil auf dem Luftpolster liegend.
Auch das Zeitgefühl eignete ich mir auf diese Weise an. Zuerst waren es sieben Sekunden, ehe ich die Reißleine zog. Später dann 24 Sekunden.
Überlegungen und Erfahrungen wie diese sind für mich sehr wichtig. So lernte ich, mich, mein Verhalten und die Ursachen immer besser kennen. Ich kann auf diese Weise viele Möglichkeiten zur Selbstveränderung entwickeln.
Du sagst mir manchmal, ich sollte nicht ungeduldig sein, mein Leben zu erlernen, ich hätte dafür Zeit, bis ich dreißig bin. Anfangs erschien mir das eine viel zu lange Zeit. Da unterschätzte ich die Erfordernisse. Seltsamerweise meinen wir ja alle, wir wüßten, wie man lebt. Das müßte man nicht erst lernen.
Hochspringen mußt Du lernen, Schreibmaschineschreiben mußt Du lernen, Lateinvokabel, Gleichungen mit einer Unbekannten und das Autofah-

ren mußt Du lernen. Nur das Leben soll man ganz von selbst beherrschen?
Sicherlich „können“ wir leben. Aber in Wahrheit ist es vorwiegend so, daß das Leben uns lebt und nicht wir unser Leben. Es macht mit uns, was sich ergibt, weil wir nie die Zusammenhänge erkennen, die zu unserem Verhalten führen, und weil wir uns auch kaum damit beschäftigen, wie wir diese Zusammenhänge mit unseren wahren Möglichkeiten koordinieren und unser Verhalten durch gezielte eigene Aktivitäten beeinflussen können.
Ich jedenfalls weiß jetzt: Wir können mit Hilfe eines Gedankenfilms innerhalb von 20 Minuten den Körper veranlassen, eine Höhe zu überspringen, an der wir vorher ein Dutzend Mal gescheitert waren. Durch den bewußten und gezielten Einsatz einer einfachen Selbstlenkungs-Technik.
Ich erzähle Dir das wie eine Neuigkeit. Dabei meditierst Du selbst jeden Tag und machst autogenes Training, und es gibt ja keinen Zweifel darüber, daß meine Sensibilität für diese Dinge durch Dich geweckt wurde. Aber es ist ein Unterschied, ob man sagt: „Das ist eine ganz gute Sache“, oder ob man es als persönliches Abenteuer an sich erlebt.
Da sehe ich auch, was uns verlorengeht, wenn wir Wissen nur als Wissen und niemals an uns selbst als praktisches Abenteuer erleben. Man sagt uns: „Diese Sache ist so. Nimm sie zur Kenntnis. Da gibt es nichts daran zu rütteln. Gescheite Leute wissen es.“
Man sagt: „Die Herdplatte ist heiß, greif nicht hin, sonst verbrennst Du Dir den Finger“.
Niemals erfährst Du, ob das auch stimmt. Du weißt es, weil man es Dir gesagt hat. Du glaubst es auch. Aber Du stellst niemals die Verbindung her zwischen Dir, Deiner Vorstellung, Deinem Körper und der heißen Herdplatte. Niemals erlebst Du

den Schmerz und bist gezwungen, den Schmerz zu überwinden. Man gibt Dir nicht die Chance, Deine Fähigkeit der Überwindung des Schmerzes zu entwickeln. Denn wer nie den Schmerz überwunden hat, wird künftig wahrscheinlich jeder Situation ausweichen, die auch nur annähernd Schmerzhaftigkeit signalisiert.
Das heißt, er wird immer hilfloser in der Konfrontation mit möglichen Schmerzsituationen. Und genau das bewirken die Milliardenausgaben für Schmerztabletten, die in Wahrheit ein Ersatz für das persönliche Schmerzerlebnis sind. Und weiter.
Im Fernsehen projizieren wir uns in Heldenrollen, weil wir selbst nicht mehr fähig sind, Helden zu sein.
Herzlich. Dein Sohn

20. „Lieber Sohn, Du lernst, wie man Brücken sprengt, den Feind in Hinterhalte lockt und Handgranaten in Autos wirft. Du lernst das Töten."

Lieber Sohn,
Du hast kürzlich einen Satz gesagt, der mir nicht aus dem Kopf geht. Er lautete: „Ich denke manchmal darüber nach, ob ich einen Menschen töten könnte."
Ich kann gut verstehen, daß Dich diese Frage beschäftigt.
Als Reserveoffizier bei den Guerillakämpfern ist ja Deine Ausbildung darauf ausgerichtet, Menschen umzubringen. Du lernst, wie man jemanden präzise mit dem Gewehr aus einer Entfernung von 300 Metern umlegt. Du lernst, wie man Brücken sprengt, den Feind in Hinterhalte lockt und Handgranaten in Autos wirft. Du lernst das Töten.
Müßtest Du da nicht vom ersten Tag an damit einverstanden sein, an dem Du Dich dazu bereit erklärt hast, mitzumachen?
Aber die Tötungsfrage fängt natürlich nicht beim Soldatenspielen an.
Ich frage mich, wo sie tatsächlich anfängt.
Kürzlich habe ich in München im Fernsehen eine Talkshow moderiert, in der es um Tierversuche ging. Du weißt ja: Medizin, pharmazeutische Industrie, aber auch die deutsche Bundeswehr verwendet Tiere zum Erproben von Medikamenten, Kosmetika und Dum-Dum-Geschoßen.

An diesem Gespräch nahm auch ein Gegner von Tierversuchen teil. Er wies darauf hin, daß das oft jahrelange Quälen von Tieren durch ein Gesetz vorgeschrieben sei. Und man solle doch das Gesetz abschaffen.
Die Tierversuche, so sagte er auch, würden der Wissenschaft dazu dienen, so gut wie alles zu beweisen, was sie beweisen möchte. Diese Versuche hätten auch zur Verrohung der Ärzte geführt.
Der Tierfreund erweckte den Eindruck, als gäbe es kein aktuelleres Problem in Deutschland, als jenes, die Tierversuche abzuschaffen.
Ich gab ihm zu bedenken, ob es denn nicht mindestens ebenso wichtig sei, etwas dagegen zu tun, daß Menschen immer brutalere Mittel finden, sich selbst und einander umzubringen. Da erfinden sie neue Bomben, Napalm, Kampfgifte. Da sieht man überall die Fotos der Opfer von Hiroshima, von Seveso oder aus Vietnam.
Aber der Tierfreund ging nicht darauf ein. Das Töten der Tiere im Namen der Wissenschaft müsse aufhören, dann würden die Ärzte auch bald menschlicher werden.
Das Töten.
Ich frage mich, ob der Mensch nicht genauso zum Töten geschaffen worden ist wie zum Überleben. Zum Jagen und zum Flüchten, zur Liebe und zur Brutalität gleicherweise.
Pfarrer segnen Kanonen, Mafiosi legen Leute um, die das Erpressergeld nicht bezahlen. Autoraser fegen Kinder auf dem Gehsteig um. Im Kino jubeln die Zuschauer, wenn der Held endlich dem Bösewicht ein paar Kugeln in den Bauch jagt. Hänsel und Gretel zünden die Hexe an, und die Mönche der Inquisition taten das gleiche. Allerdings nicht, ohne sie vorher ausgiebig gefoltert zu haben.

Das Töten ist also eine Sünde.
Aber wenn ich die Zeitungen aufschlage, gibt es garantiert keinen Tag im Jahr, an dem nicht von Plänen, Möglichkeiten und Spekulationen die Rede ist, den Frieden in der Welt durch eine möglichst wirkungsvolle Tötungsdrohung zu erhalten. Wenn die Großmächte gleich wirkungsvoll beim Töten möglichst vieler Menschen im Land des anderen sind, dann bleibt das Gleichgewicht erhalten, und keiner drückt auf den Knopf. Was ist denn überhaupt alles mit dem Töten gemeint?
Tötet man einen Menschen nicht auch, wenn man ihn isoliert? Wenn man ihn hilflos macht, sich gegen alles wirkungsvoll zur Wehr zu setzen, was im Alltag in kleinen Etappen sein Leben vernichtet? Ist nicht auch seine Persönlichkeit, seine Individualität, ein entscheidender Bestandteil seines Lebens? Ist die Zerstörung der eigenständigen Individualität eines Menschen nicht schon ein kleiner Tod?
Wie schuldig sind die Killer, wenn die Opfer sie durch ihre Bequemlichkeit dazu ermuntern? Ist anderseits das bequeme Opfer zu verurteilen, das vom Staat, von der Gesellschaft, den Eltern, dem Gesetz zur Hilflosigkeit erzogen wurde?
Kürzlich las ich von einem Fall, in dem ein Kellner zu acht Jahren Gefängnis verurteilt worden war, weil er einem dreißigmal vorbestraften Gewalttäter eine Kugel in den Bauch schoß, ehe ihm dieser ein Messer in den Leib stoßen konnte.
Das Gesetz schreibt vor, daß ein Mann einen Rowdy nicht zu Boden schlagen darf, wenn der seine Frau beschimpft und sie mit obszönen Gesten belästigt. Der Mann soll, so verlangt es das Gesetz von ihm, davonlaufen und die Polizei verständigen. In einer Gesellschaft der Heldensehnsucht wirst du zur Feigheit verpflichtet.

In München schoß einmal ein Juwelier zwei bewaffnete Gangster nieder, die ihn berauben wollten. Die Gangster waren in die Wohnung eingedrungen, hatten dort die Familie des Juweliers festgehalten, bis der Mann nach Hause kam. Der stellte sich betrunken, holte statt der Juwelen einen Revolver und streckte die Eindringlinge nieder.
Ist das erlaubt?
Die Frage des Tötens in dem Sinne, den Du meinst, fängt wohl bei der Frage nach der Verteidigungsbereitschaft jedes einzelnen an. Bin ich bereit, mich, mein Gut und meine Familie gegen jemanden zu verteidigen, der es mir gewaltsam wegnehmen will?
Du kannst noch einen Schritt weitergehen und fragen: Bin ich bereit, mein eigenes Leben mit allen mir möglichen Mitteln zu verteidigen?

- Gegen die Krankheit durch ungesundes Leben.
- Gegen falsche Behandlungen durch Ärzte.
- Gegen die Willkür der Bürokratie.
- Gegen die Bequemlichkeit, daß ich mich darauf verlasse, es würde schon irgend jemand für mich sorgen.
- Gegen die Unfähigkeit von Politikern.

Hier bist Du an der Basis der Demokratie.
Denn es kann keine Demokratie geben, wenn nicht jeder Bürger von dem Recht der Verteidigung seiner individuellen Möglichkeiten Gebrauch macht. Die Demokratie funktioniert auf der Grundlage der Individualität und der Initiative des einzelnen Bürgers.
Diese Initiative wieder besteht in:

- Mißtrauen gegen Vermassung und Unterdrückung.
- Bereitschaft zur Verteidigung der Rechte des einzelnen.

- Aktion zur Selbstverteidigung.

Wenn in der Demokratie in diesem Sinne der einzelne das System trägt, dann muß er bereit sein, diese Individualität zu verteidigen. Es muß deshalb auch für seine Verteidigungsbereitschaft sorgen.

Wer in mein Haus eindringt, um meine Frau zu vergewaltigen oder mein Geld zu stehlen, muß also damit rechnen, daß ich sie und es verteidige.

Es muß auch mein Recht sein, mich zu verteidigen. Damit ich mich aber wirkungsvoll verteidigen kann, muß ich darauf vorbereitet sein. Vorbereitet sein bedeutet:

- Ich muß entschlossen sein, mich zu verteidigen und dem Eindringling Schaden zuzufügen.
- Ich muß Mittel oder Techniken beherrschen, den Eindringling schneller und wirkungsvoller unschädlich zu machen, als er mich handlungsunfähig machen kann.
- Ich muß Mittel und Techniken genauso entschlossen einsetzen, wie der Gangster bereit ist, mich auszurauben oder mir zu schaden.

Die Verteidigung meiner Individualität und meines Lebens muß ja, wie im Staatssystem, auf den beiden Absichten beruhen:

- den einen Täter unschädlich zu machen;
- andere Täter abzuschrecken.

Wenn also heute einer aus meinem Haus das Geld stiehlt, und er kommt ungeschoren davon, ist er versucht, morgen noch einmal zu kommen. Wie die Millionenräuber aus Wien. Sie waren bewaffnet in eine Bank eingedrungen. Man gab ihnen widerstandslos das Geld, das sie verlangten. Sie machten sich ein schönes Jahr irgendwo in Spanien. Als sie kein Geld mehr hatten, kamen sie wieder in die gleiche Bank und verlangten wieder ein paar Hunderttausend. Man gab sie ihnen.

Ich fragte mich schon lange, ob der Staat mit seinem verbürokratisierten, schwerfälligen System überhaupt noch für die Verteidigung des Bürgers arbeitet. Ich habe den Eindruck, daß der Apparat schon längst nur mehr für seine Eigenerhaltung arbeitet.
Bei Gericht wird nicht Recht gesprochen, sondern Gesetze werden buchstabengetreu vollzogen, die hundert Jahre alt sind. Ansonsten gewinnt einer mit einem guten Anwalt eher als einer mit einem schlechten Anwalt.
Wobei es dem Anwalt ja nicht vorwiegend um das Recht seines Mandanten geht, sondern um möglichst viele Posten auf der Liste seines Honorars. Weil er ja sein Geld bekommt, egal, ob er dem Zahlenden zu seinem Recht verholfen hat oder nicht.
Was mich in dieser Wirrnis, die unsere Gesellschaft um uns herum zusammengemurkst hat, was mich da beschäftigt, ist: Was brauche ich, um als einzelner, als Individuum, mein Recht, meinen Besitz und alles das zu verteidigen, was ich mir nicht wegnehmen lassen will?
Gewiß ist: Ich muß bereit sein, mich zur Wehr zu setzen.
Ich muß eine Strategie der Selbstverteidigung besitzen.
Ich muß entschlossen sein, davon Gebrauch zu machen.
Heißt das jetzt schon: Bereitsein zum Töten?
Ich kann mich der Logik nicht entziehen, die sich aus allen bisherigen Überlegungen ergibt. Sie lautet: Ich muß bereit sein, einen anderen Menschen zu töten, eher er mich töten kann. Das Töten vollzieht sich ja nicht primär durch den Abschuß eines Neun-Millimeter-Geschosses aus meiner Pistole. Das Töten vollzieht sich in meinem Kopf.

Wie, so frage ich mich manchmal, konnten hunderttausende Juden in Polen und Rußland, die man während der deutschen Herrschaft vor riesigen Gruben aufstellen ließ und einzeln durch Genickschuß tötete, wie konnten die nur dastehen und es über sich ergehen lassen?
Waren sie in ihrem Glauben so stark, daß der Tod nichts Schreckliches für sie hatte? Akzeptierten sie willenlos Macht und Willkür der Obrigkeit? Sahen sie die Aussichtslosigkeit jeder Abwehr ein?
Das Töten.
In den vergangenen zwei Monaten habe ich drei amerikanische Taschenbücher gelesen. Jedes stammte aus einer der erfolgreichen Reihen, die drüben Millionen Exemplare verkaufen.
Die Reihen heißen „The Survivalist", „The Mercenary" und „The Specialist", also „Der Überlebensspezialist", „Der Söldner" und „Der Spezialist". Alle drei Buchhelden haben eines gemeinsam: Sie sind Spezialisten im Töten. Und sie töten genüßlich, brutal und ausgiebig.
Millionen Amerikaner verschlingen diese Beschreibungen.
Es muß im Menschen eine archaische Tötungsabsicht verankert sein, die er offenbar in einer zeitgemäßen Weise auszuleben versucht.
Und sei es nur durch Lesen.
Herzlich. Dein Vater

21. „Lieber Vater, ich brauche zu viel Kraft, um meine Zweifel zu bändigen, statt sie voll und ganz für die Lösung des eigentlichen Problems einzusetzen.“

Lieber Vater,
Ich bedanke mich für Deinen Brief und die Überweisung des Geldes. Dein Schreiben kam wohl schon vor zwei Monaten, aber es hat mir seither in ein paar Dingen geholfen.
Besonders dann, wenn ich alles, was ich machte, sofort wieder in Frage stellte. Das sind Phasen der Unsicherheit, die mir manchmal sehr zu schaffen machen. Wenn ich eine Aufgabe in Angriff nehme, und ich bringe sie nicht so zu Ende, wie ich es mir zu Beginn vorgestellt hatte, dann sehe ich sie grundsätzlich als gescheitert an. Ich bin zu wenig flexibel darin, Vorstellungen und Zielsetzungen mit der Realität der Verwirklichung in Einklang zu bringen.
Viele Dinge, die ich plane und durchführe, scheitern an Kleinigkeiten, mit denen ich nicht gerechnet hatte. Am Anfang ist großer Elan und Euphorie. Aber dann kommt die erste kleine Schwierigkeit, und ich gebe auf. Dabei möchte ich fröhlich und locker sein.
Ich möchte Hindernisse umfließen wie das Wasser den Stein. So, wie ich es beim Schifahren versuche: Harmonisch und schwerelos im Tiefschnee, elastisch und voll Energie in der Buckelpiste.
Ich bin viel zu sehr von Erfolgen und Mißerfolgen

abhängig. Statt meinen eigenen Prinzipien treu zu bleiben, schiele ich danach, wie andere Leute mich und mein Handeln beurteilen. Diesen anderen glaube ich dann meistens mehr als mir selbst und meinem eigenen Urteilsvermögen.
Ich bin ständig damit beschäftigt, mich als Zeitbombe zu gebärden, die jeden Augenblick explodieren könnte. Wenn mich in diesem Punkt einer durchschaut und mich fertigmachen will, dann braucht er nur „Knallfrosch" zu mir zu sagen, und ich werde wie eine Atombombe losballern.
Ich mache viele Dinge, von denen ich von Anfang an weiß, daß sie völliger Mist sind. Aber ich mache sie aus Verlegenheit. So, wie man auch aus Verlegenheit redet und redet und nichts dabei sagt. Der Smalltalk bei den Partys.
Das Reden als Ersatz für das Handeln. Das Argumentieren als Ersatz für das Entscheiden. Das Versprechen als Ersatz für das Erfüllen. Das Lautsein, um seine Schwäche zu verbergen. Es ist alles das gleiche, und mir ist klar, daß ich in dieser Zeit des Lernens darauf achten muß, nicht auf die Rede-Diskutier-Argumentier- und Ersatzstraße zu geraten.
Letztlich zählt nichts anderes als das Ergebnis und dessen Vergleich mit der Zielsetzung. Diese beinharte Realität des Lebens bestimmt, was aus mir wird oder nicht wird. Wenn ich also jetzt aus Verlegenheit laut bin, bluffe oder so zu sein versuche, wie ich glaube, daß es den anderen gefällt, dann ist es etwas, das ich erkennen muß.
Was mich manchmal irritiert, ist, daß ich für die selbstverständlichsten Dinge viel zu viel Energie aufwenden muß. Ich brauche zu viel Kraft, um meine Zweifel zu bändigen, statt sie voll und ganz zur Lösung des eigentlichen Problems einsetzen zu können.

bestrafen Dich. Also fürchtest Du Dich vor der Bestrafung und hast Schuldgefühle. Diese Schuldgefühle manipulieren Dich dann sozusagen ferngelenkt.
Die Lenker brauchen Dir gar nicht mehr auf den Fersen zu sein, es lenkt Dich ihr Prinzip, das sie als Charakter in Dir verankert haben.
Menschen mit Charakter sind für ihre Mitwelt bequem. Sie sind leicht zu durchschauen und deshalb leicht manipulierbar. Menschen ohne Charakter halten die Mitwelt in Schwung. Sie halten sich selbst in Schwung.
Sie müssen jedem neuen Augenblick gerecht werden. Sie erleben das Abenteuer des Lebens, des Tages, des Augenblicks. Immer bereit, aus jeder sich bietenden Gelegenheit das Beste für sich zu machen und jede Möglichkeit zum Glücklichsein zu nützen.
Menschen mit Charakter sind ein gefundenes Fresse für politische Parteien. Wenn einer einmal als Sozialist oder als Christdemokrat oder was auch immer programmiert ist, wählt er die Partei immer.
Er wählt sie, wenn sie tatsächlich etwas für das Volk tut. Er wählt sie auch, wenn sie an der Macht ist und die Politiker schon längst korrupt geworden sind.
Der Politiker ist charakterlos. Er lebt davon, daß seine Wähler Charakter haben und ihn trotzdem wählen.
So muß sich jeder entscheiden, ob er Charakter haben will oder nicht.
Ein charakterloser Bürger ist die Voraussetzung für seine Funktion in der Demokratie. Er muß die Politiker in Schwung halten.
Sie dürfen nicht von vorneherein wissen, ob sie

von mir das nächste Mal wiedergewählt werden. Sie müssen wissen, daß sie sich anstrengen müssen, und zwar ungeheuer anstrengen müssen, wenn sie von mir gewählt werden wollen. Sonst wähle ich nämlich völlig charakterlos die anderen.
Charakter ist Festhalten an einer Sache, auch dann, wenn sie schon längst falsch ist oder sich von selbst überholt hat.
Charakter ist im Grunde genommen eine zum moralischen Standard erhobene Bequemlichkeit.
Charakter ist Selbstverleugnung. Wir stehen noch immer zu einer Sache, auch wenn wir selbst gar nicht mehr davon überzeugt sind.
Wir stehen dazu, verleugnen uns selbst, bringen Opfer. Und alles das nur deshalb, damit die anderen sagen: „Der Mann hat Charakter."
Ich saß einmal mit einer alten Dame namens Eleonore Roosevelt zusammen. Wir waren in den USA an der Harvard Universität beim gleichen Abendessen. Durch einen Zufall saß ich neben ihr. Na ja, da stellte ich damals Dreiundzwanzigjähriger alle diese Fragen, die einem einfallen, um ein Gespräch in Gang zu halten. Immerhin war sie die Witwe eines amerikanischen Präsidenten, des Franklin Delano Roosevelt, des kranken Mannes, der nach dem Krieg mit den Chefs der anderen Siegermächte die Welt aufteilte.
Also diese Mrs. Roosevelt fragte ich, welche Fähigkeiten ein guter Politiker haben müsse.
Sie sagte: „Ein guter Politiker muß auf zwei Ebenen denken können. Auf der Ebene seiner Ideen, seiner Vision, seiner langfristigen Strategie. Und anderseits auf der Ebene der Handlungen des Augenblicks." Dieses Auf-Zwei-Ebenen-Denken-Können ist Charakterlosigkeit.
Der gute Politiker stellt sich heute vor die Leute

hin und verspricht ihnen etwas, von dem er genau weiß, daß er es nie halten kann.
Aber weil er für die Verwirklichung der Vorstellungen seiner ersten Ebene das Vertrauen des Volkes braucht, lügt er es an. Und wenn die Wähler Charakter haben und zu ihm stehen, wählen sie ihn auch, weil sie ihm glauben.
Sie würden ihm auch jede andere Lüge glauben, wenn sie Charakter haben. Erfahrungsgemäß aber auch nur so lange, bis einer kommt, der noch viel besser und glaubhafter lügt.
Also ist selbstverständlich in jedem Mann, jedem Wähler, jedem Moralisten, der Charakter hat, die Charakterlosigkeit schon miteingeschlossen.
Das ist auch ganz logisch.
Denn niemand kann alle die Regeln, die er befolgen muß, um Charakter zu haben, auch tatsächlich befolgen. Er bricht sie ständig. Er wird schwach.
Hier beginnt der verhängnisvolle Kreislauf: Er will trotzdem dieses hohe Moralprädikat „Charakter" vor der Mitwelt behalten. Was tut er also? Er muß verbergen, daß er gar nicht so charakterstark ist, wie er tut und wie er sein möchte.
Also fängt er an zu bluffen, sich selbst und andere. Er verstrickt sich in ein Gewirr zwischen Wunschvorbildern und Realität. Er lebt nicht mehr sein wirkliches Leben, sondern ein Scheinleben.
Alles nur, weil er Charakter haben möchte und sich nicht dazu bekennen will, daß er einfach so sein will, wie er ist in der täglich neuen Konfrontation mit dem Leben.
Oft kämpfe ich wie ein Verrückter heute um eine Sache, von der ich überzeugt bin, daß sie richtig ist. Ich bin in meiner Überzeugung ja meist wild wie ein Pampasstier und überrolle meine Freunde und Partner mit meinen Reden.

Drei Wochen später trete ich dann oft für genau das ein, wogegen ich vorher so vehement angekämpft habe.
Völlig charakterlos. Natürlich.
Meine Freunde fallen dann auch regelmäßig über mich her, beschimpfen mich, fühlen sich zum Narren gehalten.
Sie verstehen mich überhaupt nicht, wenn ich ihnen erkläre, daß entweder ich meine Ansicht geändert habe oder daß die Voraussetzungen sich geändert haben und wir uns der neuen Situation flexibel anpassen müssen.
Meine Meinung ändern zu können heißt, daß ich bereit bin, mich der Entwicklung der Voraussetzungen anzupassen. Möglichst ohne großen Energieverlust.
Du kennst ja ganz sicher das Theater, das manche Leute spielen, ehe sie sich neuen Erfordernissen anpassen. Sie wissen, daß sie es sollten, weil sie die Erfordernisse einsehen. Sie könnten um der Sache willen ihre Meinung ändern, aber sie können es nicht ihres Charakters wegen. Weil für sie nicht wichtig ist, *was* recht ist, sondern, *wer* recht hat.
Überdenke das noch einmal: Für sie ist nicht wichtig, *was* recht ist, sondern *wer* recht hat.
So können manche Leute sich auch der logischesten Änderung nicht anschließen, nur weil sie sich dann der Ansicht eines Gegners anschließen müßten. Das würde ihren Stolz verletzen.
Das heißt also, man nimmt lieber Verluste in kauf, als daß man zugibt, daß der Gegner recht hat. Obwohl man genau weiß, daß er recht hat.
Siehst Du, das ist dann Charakter.
Daran kannst Du auch sehen, wie vielschichtig begabt ein Politiker sein muß in diesem Spiel zwischen Charakter und Charakterlosigkeit.

Er muß der Ideologie und den Entscheidungen seiner Partei gegenüber Charakter beweisen. Wenn er es nicht tut, werfen sie ihn hinaus. Die Partei aber muß, um sich neuen Erfordernissen anzupassen, charakterlos sein, sonst setzt sie sich ja auf lange Sicht nicht durch. Also muß der Politiker Charakter darin beweisen, sich den charakterlos-flexiblen Entscheidungen der Partei anzupassen.

Nach unten, zu den Mitgliedern seiner Partei hin, muß der Politiker ebenfalls Charakter zeigen. Er muß fest zur Partei stehen, obwohl er den Mitgliedern gegenüber gar keinen Charakter haben müßte, weil sie ja als treue Mitglieder die Partei immer wählen.

Nach außen, zu den Wählern anderer Parteien hin, die er für sich gewinnen möchte, muß derselbe Politiker wieder charakterlos sein. Er muß ihnen Versprechungen machen, die sie von der anderen Partei weglocken. Er weiß dabei ganz genau, daß er diese Versprechungen kaum jemals einhalten wird können.

Wie willst Du in dieser seltsamen Verwirrung noch einen Politiker finden, der er selbst ist?

Alles das ersparst Du Dir allerdings, wenn Du Dich zur Charakterlosigkeit bekennst und „Du" bist. Du wirst vielleicht sagen: Na ja, dann ecke ich ja ununterbrochen bei den anderen an.

Wenn Du stark bist, lebst Du davon, anzuecken und Herausforderungen anzunehmen und zu suchen. Wenn Du das bewältigen willst, was jeder Tag und jeder Mitmensch Neues an Dich heranträgt, dann mußt Du offen sein für die ständig wechselnden Erfordernisse. Du kannst keinen Charakter als Klotz am Bein gebrauchen.

Das Abenteuer ist, charakterlos zu sein und sich mit aller Konsequenz dazu zu bekennen. Mit aller

Konsequenz, sonst verfällst Du in Selbstmitleid wie so viele, die gerne charakterlos sein möchten, aber jammern: „Dann eckt man ja ständig an."
Tatsache ist, daß jemand, der charakterlos lebt, viel weniger aneckt, als jemand mit Charakter.
Jemand, der Charakter hat, muß ständig auf der Hut sein, daß niemand ihn bei einer Charakterlosigkeit ertappt. Er muß gleichzeitig aufpassen, daß er alles das tut, was vor der Mitwelt seinen Charakter ausmacht.
Einer ohne Charakterbekenntnis braucht nur der Sensibilität seines Überlebensinstinktes zu folgen und das zu tun, was er jetzt für richtig findet, ohne zu fürchten, daß es morgen nicht mehr richtig sein könnte.
Er braucht sich davor nicht zu fürchten, weil er morgen, wenn er nicht mehr recht hat, keinen Augenblick damit vergeuden muß, sich zu rechtfertigen, zu bluffen, andere zu verurteilen, um selbst gut dazustehen.
Alles das braucht der Charakterlose nicht. Er sagt schlicht: „Ich bin heute einfach anderer Meinung."
Oder er sagt ohne Pathos: „Ihr habt recht, ich habe mich geirrt."
Er hat nichts zu verlieren.
Vor allem nicht seinen Charakter.
Herzlich. Dein Vater

24. „Lieber Sohn, eine Ehefrau braucht für ihren Mann nicht mehr verführerisch zu sein. Sie ist ja mit ihm verheiratet."

Lieber Sohn,

Deinen Zeilen entnehme ich, daß es Dir nicht ganz so leicht gefallen ist, Dich von A. zu trennen, wie Du es vorgibst. Manchmal hatte ich in den vergangenen Monaten den Eindruck, die junge Dame hätte Dich schon fest im Griff.

Einmal sagtest Du: „So eine Frau finde ich bestimmt nie wieder. Ich möchte noch immer mit ihr befreundet sein, auch wenn wir nicht mehr beisammen sind."

Wie oft, meinst Du, habe ich das früher auch schon gedacht? Und immer spielte ich dabei mit dem Gedanken des Heiratens.

Es ist seltsam, welche Bedeutung diese „Sache Ehe" für zwei Partner hat.

Vermutlich ist es eines der gefährlichsten Phänomene des Zusammenlebens in unserem Kulturkreis. „Ehe" steht als Synonym für Zusammenbleiben, gemeinsam glücklich sein, nicht mehr einsam sein. Die Praxis beweist dann sehr oft genau das Gegenteil.

Was ist denn das überhaupt – Ehe?

Es ist ein auf moralische Grundsätze aufgebauter Zusammenschluß. Die moralisch-romantische Basis hat allerdings schon längst alle Substanz verloren.

Dort, wo Mann und Frau zu einer Nutzgemeinschaft zusammengeschlossen sind, um gemeinsam Probleme besser zu bewältigen als allein, ergibt sich der Zusammenhalt aus der realistischen Alltagspraxis. Aber das hat nun wieder überhaupt nichts mit Moral zu tun.

Diese Gemeinschaft zur besseren Lebensbewältigung ist wahrscheinlich die gesündeste Voraussetzung für den romantischen und sexuellen Teil der Beziehung.

Gemeinsame Erfolge oder gemeinsame Niederlagen haben ein starkes erotisches Moment. Man hat einen gemeinsamen Sieg errungen und freut sich darüber. Das Gefühl der Freude bringt zwei Partner einander näher. Das gemeinsame Feiern vertieft die Erotik, die später dann halt im Bett den Höhepunkt findet.

Die sexuelle Vereinigung ist der emotionale Höhepunkt der Freude über die gemeinsame Leistung.

Die gemeinsame Niederlage läßt zwei Partner auf ähnliche Weise zusammenrücken. Das Schutzsuchen, die Enttäuschung in der Realität setzt sich in der Vereinigung im Bett fort. Ganz bestimmt hat einer, der gerade eine Niederlage hinter sich hat, ein besonders starkes Anlehnungsbedürfnis.

Wozu aber ist für alles das die Ehe gut?

Sie legt durch ihre moralischen Maßstäbe den ganzen natürlichen Grundlagen einer Partnerschaft nur Hemmungen auf:

- Das Unterwerfungs-Prinzip, das die Frau von vorneherein als gleichwertige Partnerin ausschließt und dem Mann eine Führungsrolle zuspricht, die er schon längst nicht mehr erfüllen kann.
- Das Treue-Prinzip und die Manifestation der Vorstellung vom ewigen Zusammenbleiben.

Und so weiter.

Seit das Wettbewerbsprinzip aus der Ehe heraußen ist, weil die Partnerschaftsverpflichtungen institutionalisiert sind, muß sie von jenem Zeitpunkt an scheitern, von dem an die natürlichen Spannungselemente abgenützt sind.
Wenn nicht Gefahr, Nützlichkeit oder Sex für die Spannung als Grundlage der Gemeinsamkeit sorgen, entwickelt sich die Partnerschaft nicht mehr weiter.
Aber hat unser Leben nicht nur Sinn, solange wir in Bewegung sind?
Was also ist die Alternative zur Ehe?
Ich meine: die freie Vereinbarung des Zusammenlebens nach gemeinsam festgelegten Regeln, Verpflichtungen und Ritualen.
Die Ehe verpflichtet zu nichts mehr, seit die kontrollierenden und ermutigenden Rituale nicht mehr intakt sind. Solange noch beide Partner sich religiösen Grundsätzen bindend verpflichtet fühlten, funktionierte die Sache. Solange sie sich religiösen Ritualen, wie dem gemeinsamen Gebet oder Kirchenbesuch mit Beichte – als Ermunterung und Kontrolle – unterwarfen, gab es funktionierende Krisenlösungen.
Heute müssen sich die Partner selbst diese Voraussetzungen schaffen.
Statt der Verpflichtung religiösen oder moralischen Prinzipien gegenüber, müssen sie jetzt füreinander Verpflichtungen eingehen.
Dieser Vertrag muß regeln:

- Wie sie sich in Krisen oder bei der Trennung verhalten.
- Die Funktionen in der Organisation der Partnerschaft müssen geregelt sein.
- Schiedsrichter müssen gemeinsam gewählt werden.

- Die Grenzen individueller Freiheiten müssen einwandfrei abgesteckt sein.

Alles das war früher einmal ganz klar durch die moralischen und religiösen Regeln festgelegt. Und ist es natürlich bis heute dort, wo diese Regelungen intakt sind.

Wenn Du mit einer Frau beisammenbleiben möchtest, gibt es also zwei Denk-Kategorien:

- die Ehe-Kategorie;
- und die Kategorie freier Partnerschaft.

In der Ehe-Kategorie ist die Versuchung groß, zu meinen, daß durch die Heirat das glückliche Zusammenleben für alle Zeit irgendwie von außen oder oben geregelt sei.

Irgendwie.

Das freie Partnerschafts-Verhältnis erfordert die eigene Erarbeitung der Grundlagen des Zusammenlebens von innen heraus, auf die man sich dann bindend einigt. Schon der Vorgang der gemeinsamen Erarbeitung dieser Grundlagen ist eine vielsagende Prüfung der Eignung beider Partner für ein Zusammenleben.

Wenn sie sich auf die Prinzipien nicht einigen können, wie sollten sie sich dann auf Dauer in der Praxis einigen?

Jetzt kannst Du natürlich sagen: Warum kann ich nicht heiraten und trotzdem mit der Frau einen Partnerschaftsvertrag machen?

Natürlich ist das möglich.

Aber eine geschickte Frau wird Dir den Partnerschaftsvertrag ausreden, wenn sie Dich erst einmal geheiratet hat. Warum sollte sie ihn auch haben wollen?

Sie kann eine Ehe nach ihren Vorstellungen viel besser gestalten, wenn sie sich nicht festlegt. Sie kann Dich mit den althergebrachten Männlich-

25. „Lieber Sohn, jedes Aufbegehren gegen andere ist im Grunde genommen nichts anderes als eine Äußerung der Unzufriedenheit mit Dir selbst."

Lieber Sohn,
in Deinem jüngsten Brief machst Du also den großen Schritt in die Freiheit. Das heißt, Du kündigst ihn an. Du kündigst mit mächtigen Worten ein winziges Schrittchen an. Das hast Du mit vielen Revolutionären gemein. Sie verbessern nächtelang die Welt, stürzen die Mächtigen und verhelfen der Gerechtigkeit zum Durchbruch.
Wenn sie dann aus den verrauchten Kaffeehäusern herauskommen, fordern sie die Mächtigen dieser Welt auf, doch endlich Ordnung zu schaffen. Wie ja auch die Kirche nie müde wurde, Friede und Nächstenliebe von der Kanzel herunter zu predigen, um hinterher die Kanonen zu segnen.
Du schreibst, Du willst nicht mehr von uns Eltern abhängig sein. Du willst Dir das Geld für Dein Studium selbst verdienen. Das schreibst Du. Dann steigst Du in Dein von uns bezahltes Auto, fährst in die von uns bezahlte Wohnung und führst Deine neue Freundin auf unsere Kosten aus.
Das nenne ich wirklich einen gewaltigen Schritt heraus aus der Abhängigkeit von unserem Geld.
Sicherlich denke ich da altmodisch und weniger mutig als Du. Aber mir hätte es besser gefallen, wenn Du gesagt hättest: Ihr lieben alten Leute, mir geht es auf die Nerven, daß ich euch Rechenschaft

ablegen muß dafür, was ich mit eurem Geld mache. Ich habe mir deshalb einen Job gesucht, mit dem ich doppelt soviel verdiene, als ihr mir zur Verfügung stellt. Behaltet also euer Geld, denn ich bin jetzt unabhängig und euch keine Rechenschaft mehr schuldig.

Das wäre was gewesen. Das hätte mir imponiert. Aber so?

Es gibt ja meiner Beobachtung nach zwei große Gruppen von Leuten in dieser Hinsicht:

- Diejenigen, die eine Sache in aller Stille vorbereiten und sie dann verwirklichen. Hinterher reden sie vielleicht darüber. Obwohl es gar nicht mehr notwendig ist, weil ja eine gute Leistung für sich selber spricht.
- Dann gibt es Leute, die vorher reden. Sie reden und reden darüber, was sie tun wollen und tun möchten und auch ganz bestimmt tun werden. Sie erzählen es jedem und steigern sich in ihre Erzählungen so sehr hinein, bis sie sich in sie geradezu verlieben. Was sie tun wollen, wird immer toller und gewaltiger und ist bald so gewaltig, daß es unmöglich wäre, es auch in die Tat umzusetzen.

Das tun sie auch nie. Und weißt Du, warum? Weil das Darüber-Reden in ihnen schon eine Art Ersatz-Erfolgserlebnis ausgelöst hat, das sie gar nicht haben würden, wenn sie die Pläne realisiert hätten. Weil ja in der Realität aus den gewaltigen Erzählungen doch nur ein mickriger Bruchteil geworden wäre. Also eine Enttäuschung.

Reden als Ersatz für Handeln.

Mir scheint, als wäre das einer der bemerkenswertesten Sportarten unserer Zeit geworden.

Soweit ich beobachten kann, funktioniert sie nach fünf Grundregeln, die ungefähr so gehen:

Erste Regel: Rede über das, was Du tun willst, so

Hinsicht von der Fähigkeit leben, selbst zu glauben, was er verspricht, ohne das Ergebnis jemals praktisch verwirklicht zu sehen.
Wer diese Fähigkeit des Selbstbetrugs, eine für mich durchaus nützliche Fähigkeit, nicht besitzt, der allerdings eignet sich nicht für diese Rolle.
Wir leben in der Zeit der Ankündigungspolitik.
Das liegt sicherlich an den neuen Medien. Wenn ein Politiker gewählt werden oder seine Position behaupten will, dann muß er den Eindruck erwecken, ständig etwas zu unternehmen.
Er muß den Eindruck erwecken.
Er sagt heute: „Ich fordere ein Gesetz gegen das Waldsterben." Den Leuten gefällt das. Sie stimmen zu. Sie gewinnen den Eindruck, daß der Mann an die Zukunft denkt.
Bis er diese Forderung in seinen Parteigremien durchsetzt, bis so ein Gesetz alle Instanzen, Interessentengruppen und Institutionen durchlaufen hat, vergehen Jahre. Inzwischen standen aber schon längst wieder die Reporter mit den Mikrofonen vor dem Mann, und er muß sich immer weiter wichtig machen, um im Gerede zu bleiben.
Irgendwann und irgendwie werden dann Facetten dessen verwirklicht, was er irgendwann einmal gefordert hat. Na ja, sagt er dann möglichst eindrucksvoll, ich habe ja immer schon dafür gekämpft.
Das Tempo der Medien überspringt oft die Möglichkeit der Verwirklichung von Versprechungen in überschaubarer Zeit. In diesem Sinne haben die schnellen Medien die Politik völlig verändert. Und damit natürlich auch uns.
Wir können schon längst nicht mehr unterscheiden, was Tatsache oder Meinung, was Information und Tendenz ist.

Was immer ich Dir hier schreibe, soll natürlich meinen Respekt für Deine Aktion „Frei von Zuhause“ nicht schmälern. Mit zwanzig ist eben die Zeit da, zu der man ungeduldig wird, sich nichts mehr sagen lassen will, endlich hinaus ins Leben drängen will.
Ich habe Verständnis dafür, wenn Deine Wünsche noch nicht so recht mit der nüchternen Realität Schritt halten. Mache ruhig Deine Revolution, bis Du vielleicht in nächster Zeit zu der gleichen Schlußfolgerung kommst wie ich: Jedes Aufbegehren gegen andere ist im Grunde genommen nichts anderes als eine Äußerung der Unzufriedenheit mit Dir selbst.
Dein Vater

Wenn ich mich so richtig in eine Sache stürze, dann ergreift sie von mir Besitz. Selten erkenne ich in solchen Situationen aus eigener Kraft, was mit mir vorgeht.
Du hast schon einige Male gesagt, ich sollte von einer Sache ablassen, obwohl ich selbst gar nicht das Gefühl hatte, ich sei damit zu Ende. Du meintest: „Bleib bei dieser Stufe stehen und mach was anderes. Baue jetzt, in der Lebensphase des Lernens, die Palette Deiner Erfahrungen möglichst breit aus, damit Du später mehr Erfahrung für die endgültige Entscheidung hast."
Ich strebe Sicherheit an.
Das habe ich während der Ausbildung beim Militär beobachtet. Die Sicherheit in der Rolle des Unterdrückten. Je größer der Druck von den Ausbildnern wurde, um so enger wurde mein Denkhorizont. Du hörst auf, eigene Gedanken zuzulassen. Die Sicherheit besteht in der Unterordnung. Nur nicht auffallen.
Nach diesem System kann man süchtig werden. Nach längerer Zeit gibt es Dir das Gefühl von Geborgenheit. Wir haben sogar in unserer Freizeit fast nur vom Dienst gesprochen. Plötzlich wird die Kaserne zum Heim und die Kompanie zur Familie. Da bekommst Du Geld, Essen und einen Platz zum Schlafen.
Im Grunde genommen hatte ich dort alles, was ich brauchte. Ich war versorgt, hatte keine Geldsorgen, Freunde, Feinde, Aufgaben – alles war da. Ich kann schon verstehen, daß einige sich entschieden haben, das für immer und ewig zu ihrem Beruf zu machen. Aber ich konnte mir nicht vorstellen, das alles ganze dreißig oder vierzig Jahre mitzumachen. Einfach Wahnsinn. Das ist mit Bestimmtheit nicht mein Weg.

Als Student ist diese Sorglosigkeit von damals weg. Ich passe mich an und setze mich zur Wehr. Das erzeugt Spannung in mir. Ich zweifle und hinterfrage und habe oft den Eindruck, als würde ich sehr viel Zeit und Energie damit vergeuden. In der Zeit, in der ich zweifle, könnte ich konkrete Dinge tun.
Es ist, als wäre mir die Freiheit hinderlich, die mir das Studentenleben in geistiger Hinsicht ermöglicht.
Aber ich nehme lieber die Spannung zwischen Anpassung und Zweifel auf mich, als keinen Zweifel darüber zu haben, daß ich mich anpassen muß.
Gruß. Dein Sohn

So ist unser ganzes Leben ein permanenter Kompromiß geworden. In allen Bereichen, die unser Leben ausmachen. Wir wollen alles haben und auf nichts verzichten. Wir wollen ganz anders sein, als wir tatsächlich sind. Wir tun alles ein Kleinwenig. Wir leben immer nur ein bißchen, gehemmt von der Moral und den eingelernten Verhaltensformen, deshalb verstehen wir unser Leben auch vorwiegend in seiner Quantität statt in der Qualität. Nicht in der Tiefe, sondern in der Länge und der Schnelligkeit suchen wir die Erfüllung unseres Lebens.

Was habe ich wirklich zu verlieren?

Ich stelle mir diese Frage schon tausendmal. Mein Hirn weiß natürlich die Antwort: Ich habe nichts zu verlieren, nicht einmal mein Leben, weil ja das Sterben kein Verlust sein kann, sondern das ganz natürliche Ende einer ganz natürlichen Entwicklung.

Wenn ich etwas gewinne, dann ist der Augenblick des Gewinns das Ende des Weges zum Gewinn. Trotzdem versuche ich das Gewonnene zu erhalten, es mit der Sicherheit zu umgeben, die es mir möglichst lange erhält.

Dein Vater

28. „Lieber Vater, glaubst Du, daß es im Leben so etwas wie eine optimale Lösung gibt? Die eine, die wahre Lösung?"

Lieber Vater,
ich möchte die Dinge um mich herum sehen, wie sie wirklich sind. Wenn zwei Leute auf mich zukommen, möchte ich mit einem Blick erkennen, wer eine Funktion hat und wer bloß ein Bluffer ist. Wenn wir beide diskutieren, und Du behauptest etwas, dann möchte ich wie ein Radar erfassen können, ob das stimmt oder nicht.
Glaubst Du, daß es im Leben so etwas wie eine optimale Lösung gibt? Die *eine* wahre Lösung: Die Wahrheit?
Wenn ich Dich bei Deiner Arbeit beobachte, kann ich erkennen: Du siehst das Problem, Du analysierst es und löst es. Wie machst Du das, welche Abläufe sind im Spiel? Kannst Du mir das erklären?
Ich sehe auch, daß die Lösung eines Problems nicht allein seine Lösung ist. Den gleichen Aufwand erfordert es offensichtlich, diese Lösung anderen Leuten zu verkaufen. Eigentlich ist es doch so, daß nicht jener das Rennen macht, der die bessere Lösung für ein Problem gefunden hat, sondern jener, der seine Lösung am besten verkauft.
Wieviel Energie, Zeit und Einsatz soll man – in Prozenten ausgedrückt – für Analyse, Lösung und Verkauf einsetzen, wenn ich davon ausgehe, daß

Ich sagte: „Um welche Tageszeit soll die Show gesendet werden?“
Er: „Zur besten Zeit am Abend, kurz nach 20 Uhr.“
Ich: „Sie soll also für die ganze Familie sein, Kinder, Väter, Mütter; für Bauern, Arbeiter, Akademiker, Landleute, Stadtleute?“
Er sagte: „Ja. Hast Du eine Idee?“
Aber ich dachte gar nicht daran, mir jetzt eine Idee abzuringen, weil ich noch gar nicht konkret wußte, für wen ich diese Idee haben sollte.
Ich fand dann noch heraus, daß diese Show 90 Minuten lang dauern sollte, daß da Gespräche, Musik und in irgendeiner Weise ein Spielelement enthalten sein sollte.
Das war also die erste Phase: Ich stellte fest, daß die Problemstellung darin bestand, eine Show zu entwickeln, von der man eine gewisse Vorstellung hatte. Eingeschlossen den Wunsch, daß rund 50 Prozent der Leute, die bei uns fernsehen, vor dem Apparat sitzen und diese Show tatsächlich auch ansehen sollten.
Also hatte ich die Zielsetzung.
Jetzt setzte ich mich hin und analysierte erst einmal die Erfordernisse für diese Zielsetzung. Für diese Analyse mußte ich mein Wissen über das Publikum einbringen.
Ich sagte: „Wissen“, aber es ist in gleichem Maße Feeling, Gespür, Emotion, Erfahrung.
Du schreibst, Du möchtest Probleme „emotionslos“ beurteilen können. Ich nicht. Allgemein erwerbbares Wissen kann jeder erwerben, der lesen und lernen kann. Da bist Du mit vielen gleich. Aber dieses Extra an Emotionalem, das unterscheidet die reinen Denker von denen, die darüber hinaus noch ein bißchen mehr auf dem Kasten haben.

Dieses Extra, das ist bereits ein Bestandteil des Verkaufens.
Das bedeutet: Das Verkaufen beginnt nicht erst, wenn das Produkt fertig ist. Es beginnt bei dem, was Du schon bei der Lösung des Problems einbringst.
Dieses Extra ist letztlich Deine Persönlichkeit.
Wer Persönlichkeit hat, ringt sich bei der Lösung jedes Problems bis zur eigenen Überzeugung durch. Wer selbst von der Lösung überzeugt ist, ist auch im Verkaufen überzeugend.
Was ich Dir hier sage, ist das Optimum. Im allgemeinen werden in den meisten Bereichen um uns herum Erfinden, Erzeugen und Verkaufen getrennt gesehen.
Der Produzent erzeugt, weil er unter dem Zwang steht, die Produktion oder Produktionspalette zu erweitern und den Verkauf zu steigern.
Der Marketingmann muß den Markt finden.
Der Werbemann muß den Leuten ein Bedürfnis einreden.
Ich hingegen gehe von der Frage aus: „Welches Bedürfnis besteht überhaupt für das, was ich da machen soll oder will? Besteht bei den Menschen, für die es bestimmt ist, überhaupt ein Bedürfnis dafür?"
Um das beurteilen zu können, ist es notwendig, die Menschen zu kennen. Ich kann sie nur kennen, wenn ich mich für sie interessiere. Wenn ich nicht von oben auf sie draufschaue, sondern wenn ich sie hautnah spüre und offen alles aufnehme, was sie an Botschaften für mich aussenden.
Ich habe in meinem Job viele Künstler kennengelernt, die keine Ahnung hatten, für wen sie das machten, was sie machten. Es gab auch nicht wenige, die sagten sich wie eine Art Gebet vor jedem

Glaube nicht, daß der Intendant oder der Generalintendant am Anfang gesagt hätten: „Das ist eine tolle Sache." Sie rümpften die Nase. Sie meinten, das sei nicht wertvoll genug, das sei ja eine Sendung für das gemeine Volk.

Aber die Sendung hat sich selbst verkauft. Über die Köpfe dieser Leute hinweg.

Was ich meine, ist, daß das Verkaufen viele Gesichter hat. Du kannst mit allem Aufwand heute eine Sache einem Menschen verkaufen wollen, aber sie kommt nicht an. Ein Jahr später versuchst Du mit der gleichen Kraft und den gleichen Argumenten die gleiche Sache dem gleichen Partner zu verkaufen, und er ist ganz verrückt danach.

Deshalb möchte ich nicht, wie Du es Dir in Deinem Brief wünscht, einen Computer im Kopf haben. Du kannst den Erfolg analysieren, konstruieren, berechnen. Aber ob er tatsächlich passiert, hängt fast immer von diesem Extrem ab, das Du Gefühl, Intuition oder Sensibilität nennen kannst. Das ist ja auch kein Wunder, wenn Du überlegst, daß wir neunzig Prozent unserer Entscheidungen nicht mit dem Hirn, sondern mit Gefühl, Instinkt oder nach eingelernten Normen fällen.

Das alles zu wissen mag wichtig sein für das Lösen von Problemen. Aber erst dann, wenn dieses Wissen zu einem Teil Deiner Persönlichkeit geworden ist, wenn es in Dir ist, im Hirn, unter der Haut, im Bauch, dann stellst Du eines Tages fest, daß Du „riechst", ob jemand oder etwas eine Funktion hat oder ob es nur Staffage ist.

Plötzlich merkst Du, daß dein Radar funktioniert. Für die richtigen Leute, für die richtigen Ideen, für die richtigen Argumente, für die richtige Zeit, für den Erfolg.

Vielleicht entmutigt es Dich, wenn ich Dir sage:

Du kannst selbst nicht bestimmen, wann dieses Radar anfängt zu funktionieren. Du kannst es suchen, nach dem Prinzip „der Weg ist das Ziel". Wenn Du das einmal begriffen hast, bekommt die Suche allerdings jenen Sinn, der Dich alle Zweifel überwinden läßt.
Dein Vater

30. „Lieber Sohn, vielleicht haben wir Dir mit unserer Erziehung mehr geschadet als genützt."

Lieber Sohn,
Du hast schon lange nichts mehr von Dir hören lassen. Wenn man von Deinem Anruf kürzlich absieht, ich sollte Dir doch wieder ein bißchen Extrageld auf Dein Konto überweisen.
Das habe ich gemacht, obwohl ich der Meinung bin, daß Du ein wenig sparsamer leben solltest.
Deine Mutter würde sagen: „Weil ihr Kinder nie richtig arm gewesen seid, könnt ihr mit dem Geld nicht umgehen." Vielleicht lernt man anderseits aber auch den Umgang mit Geld, wenn man reich geboren wird.
Wie dem auch sei, diese Gefahr besteht ja wirklich nicht für Dich.
Mir ist übrigens kürzlich ein Satz eingefallen, den Du vor längerer Zeit einmal so nebenbei während eines Gesprächs gesagt hast. Den Satz: „Ich weiß nicht, ob Ihr – meine Eltern – mir mit Eurer Erziehung nicht mehr geschadet als genützt habt."
Ich finde das einen guten Gedanken.
Hast Du ihn jemals zu Ende gedacht? Bist Du zu einer endgültigen Schlußfolgerung gekommen?
Deine Gedanken würden mich interessieren. Vorausgesetzt, Du findest wieder einmal Zeit, mir ein paar Deiner Überlegungen zu schreiben.
Dein Vater